Male für jede Seite, die du bearbeitet hast, einen Stern aus.

Viel Freude!

W0272004

			4	5	6	7	8	9	10
11	12	13	14	15	16	17	18	19	20
21	22	23	24	25	26	27	28	29	30
31	32	33	34	35	36	37	38	39	40
41	42	43	44	45	46				

Dies ist dein Hunderterfeld.

Schaue hier immer nach, wenn du unsicher bist.

1	2	3	4	5	6	7	8	9	10
11	12	13	14	15	16	17	18	19	20
21	22	23	24	25	26	27	28	29	30
31	32	33	34	35	36	37	38	39	40
41	42	43	44	45	46	47	48	49	50
51	52	53	54	55	56	57	58	59	60
61	62	63	64	65	66	67	68	69	70
71	72	73	74	75	76	77	78	79	80
81	82	83	84	85	86	87	88	89	90
91	92	93	94	95	96	97	98	99	100

Welche Zahlen fehlen?

Trage sie ein!

1	2	3	4	5	6	7	8	9	10
11	12	13	14			17	18	19	20
21	22	23		25	26		28	29	30
31	32		34	35	36	37		39	40
41		43	44	45	46	47	48		50
51	52	53	54			57	58	59	
61	62	63		65	66		68	69	70
71	72		74	75	76	77		79	80
81		83	84	85	86	87	88		90
	92	93	94	95	96	97	98	99	

Beantworte die Fragen!

Welche Zahlen stehen unter der 10?

10 20

Welche Zahlen stehen unter der 1?

1

Welche Zahlen stehen unter der 5?

5

Welche Zahlen stehen hinter der 61?

61

Schreibe alle Zahlen der vierten Reihe auf!

31

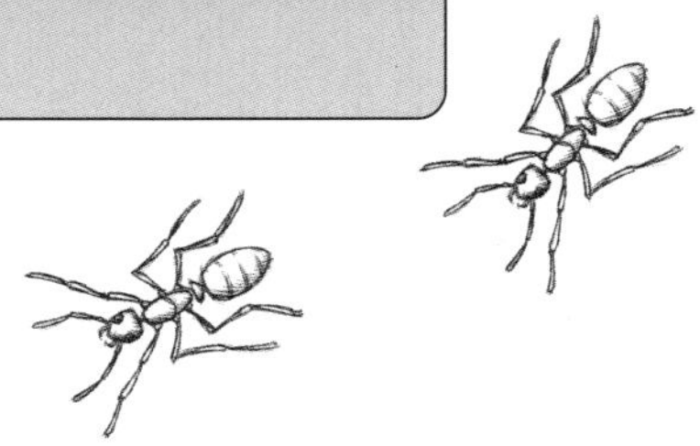

Wie heißen diese Zahlen? Trage sie ein!

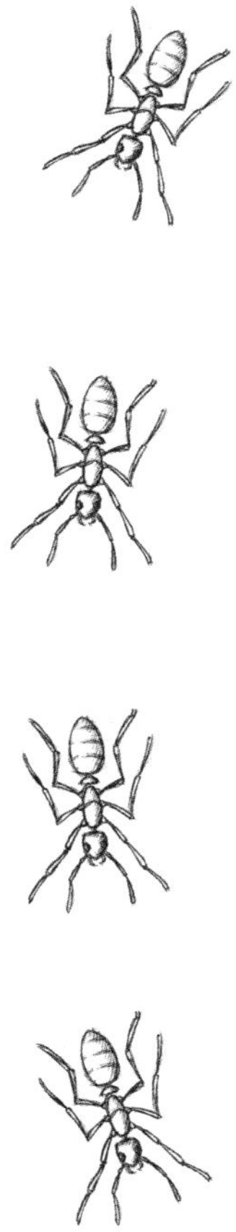

einundzwanzig	21
sechsundneunzig	
fünfundvierzig	
siebenundfünfzig	
dreiunddreißig	
vierundachtzig	
elf	
achtundsiebzig	
zweiundsechzig	
neunundsechzig	
einhundert	

achtundzwanzig	
sechsundvierzig	
zweiundneunzig	
einundfünfzig	
vierunddreißig	
fünfundachtzig	
zwölf	
dreiundsechzig	
neunundsiebzig	
siebenundsechzig	
sechsundzwanzig	

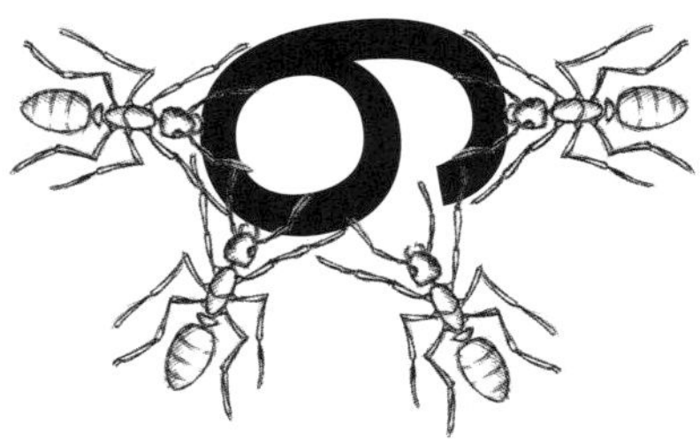

Schreibe nun das Zahlwort!

4	vier
12	
23	
97	
56	
41	
82	
64	
35	

Mache drei Kniebeugen! ☐

Auf welchen Feldern findest du Spuren?

1	2	3	4	5	6	7	8	9	10
11	12	13	14	15	16			19	20
21	22	23	24	25		27	28		30
31	32	33	34	35		37	38		40
41		43	44	45	46	47	48	49	50
51	52		54	55		57	58		60
61	62		64	65		67	68		70
71	72	73			76	77	78	79	80
81	82	83	84	85	86	87	88		90
91	92	93	94	95	96	97	98		100

1	2	3	4	5	6	7	8	9	10
11	12	13	14	15	16	17	18	19	20
21	22	23	24		26		28	29	30
31	32	33		35			38	39	40
41	42	43		45	46	47		49	50
51	52		54	55	56		58	59	60
61	62	63		65	66	67		69	70
71	72		74	75	76		78		80
81	82	83		85	86	87		89	
91	92		94	95	96	97	98	99	100

Hilf dem Igel beim Suchen!

Auf welchen Zahlen befinden sich die Tiere?

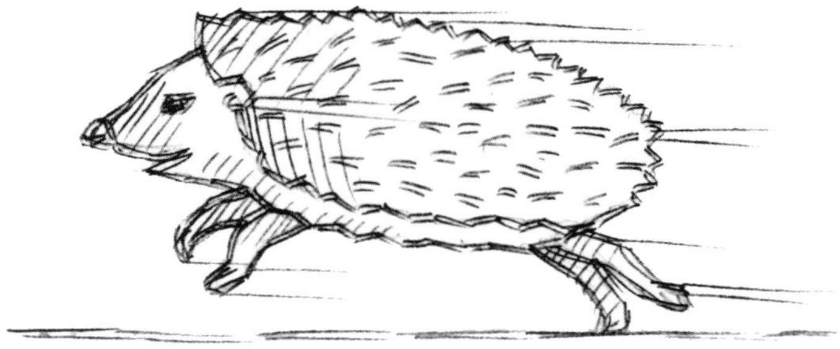

1	2				6	7	8	9	10
11	12	13	14	15	16	17	18		20
21			24	25	26	27	28		30
31			34	35	36	37	38		40
41	42	43				47	48	49	50
51	52	53	54	55	56	57	58	59	60
61		63	64	65	66	67	68	69	70
71		73	74	75	76			79	80
81		83	84	85	86			89	90
91	92	93	94	95	96	97	98	99	100

Nun schreibe auf!

Der Igel frisst ____________________, ____________________,

____________________ und ____________________.

Beantworte die Fragen!

Welche Zahl steht über der 66? 56

Welche Zahl steht unter der 79? ☐

Welche Zahl steht unter der 61? ☐

Welche Zahl steht vor der 56? ☐

Welche Zahl steht hinter der 28? ☐

Welche Zahl steht hinter der 13? ☐

Welche Zahl steht unter der 37? ☐

Welche Zahl steht über der 80? ☐

Auf welchen Feldern findest du diese Bilder?

Trage die Zahlen ein!

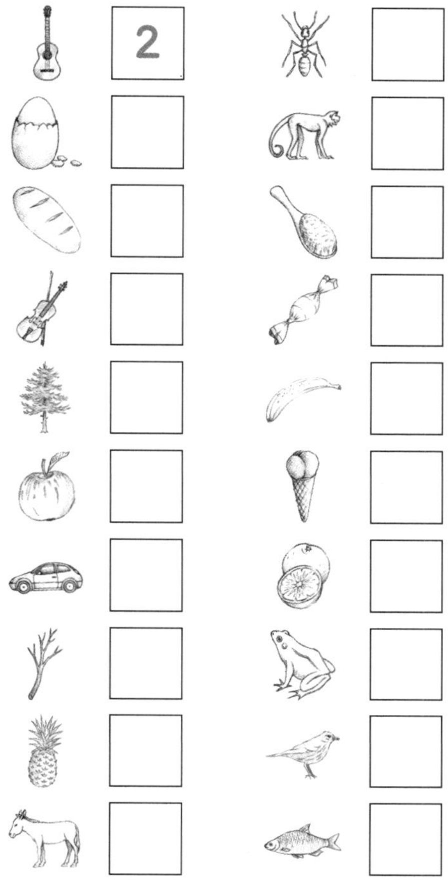

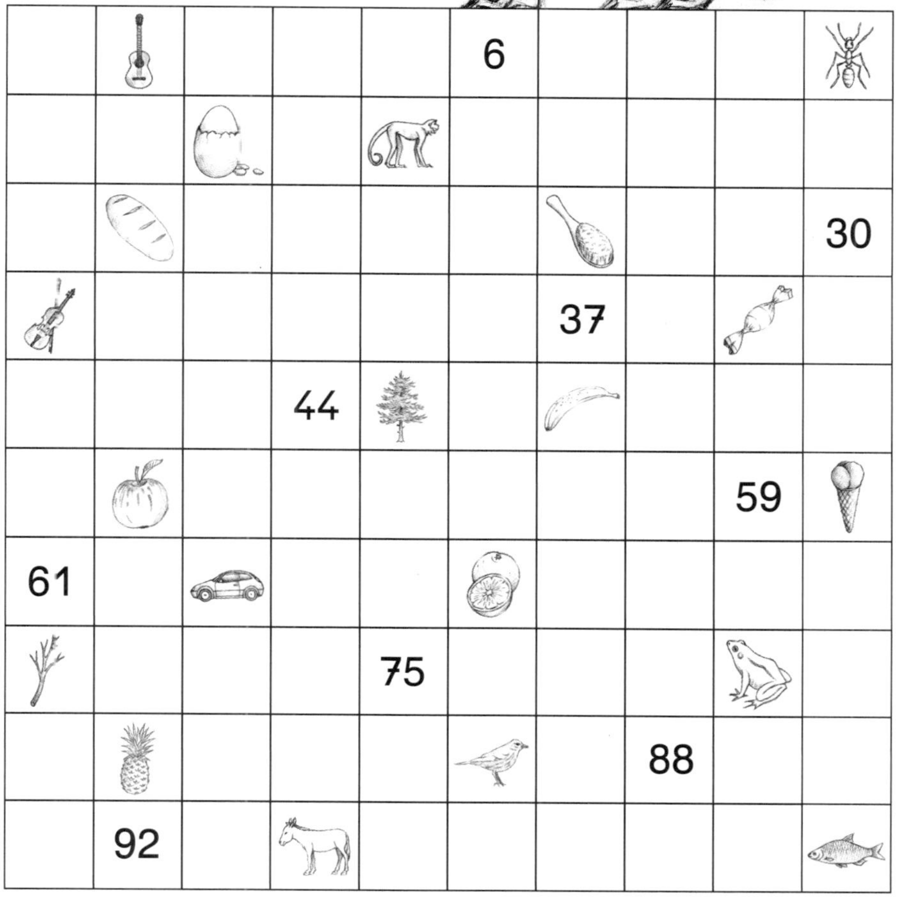

Trage alle fehlenden Zahlen ein!

42	43	44	45					

45			48		

41		43		45		47		49	

48		

43				47			

Welche Zahlen liegen auf den grauen Feldern?

Trage sie ein! Welches Bild entsteht?

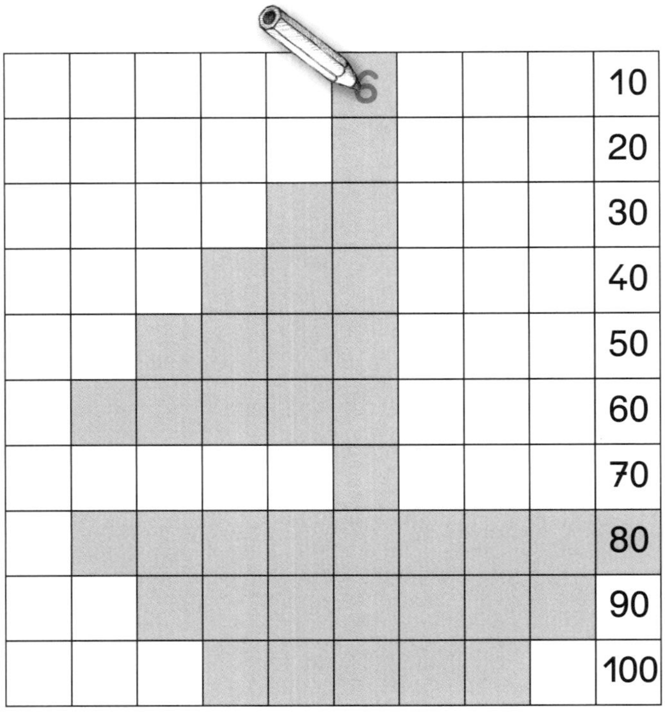

Das ist ein ______________________.

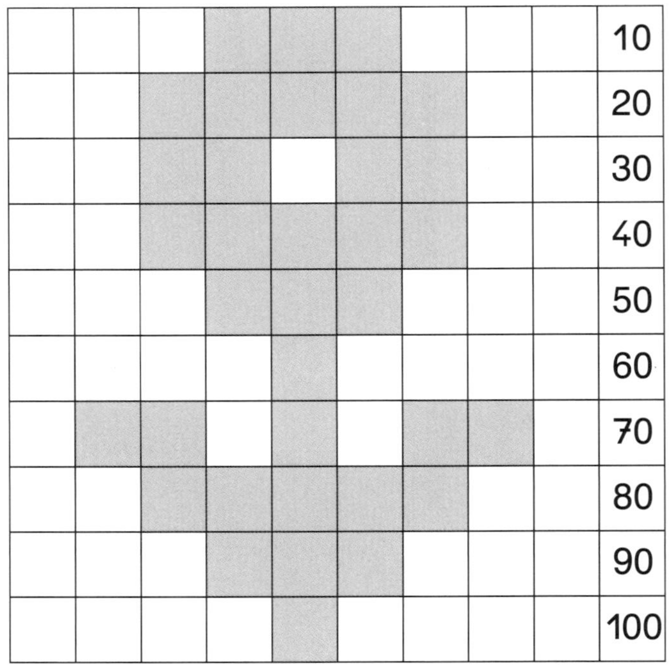

Das ist eine ______________________.

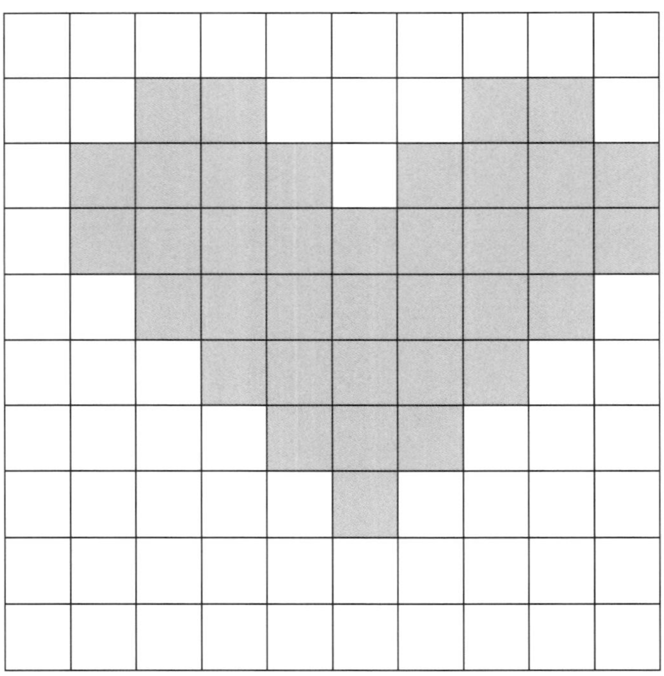

Das ist ein ______________________.

Finde nun selbst ein Muster und trage die Zahlen ein!

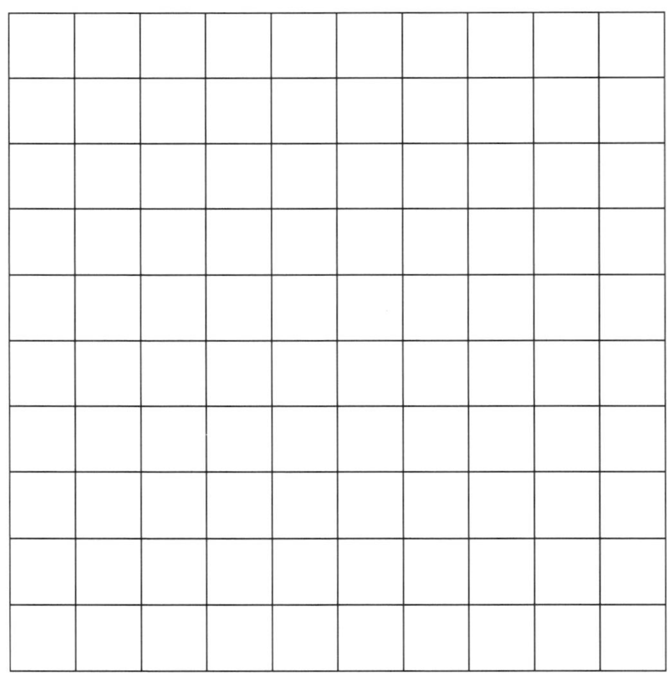

Das ist ______________________.

Merke

Z heißt Zehner
E heißt Einer

Kreise immer zehn ein!

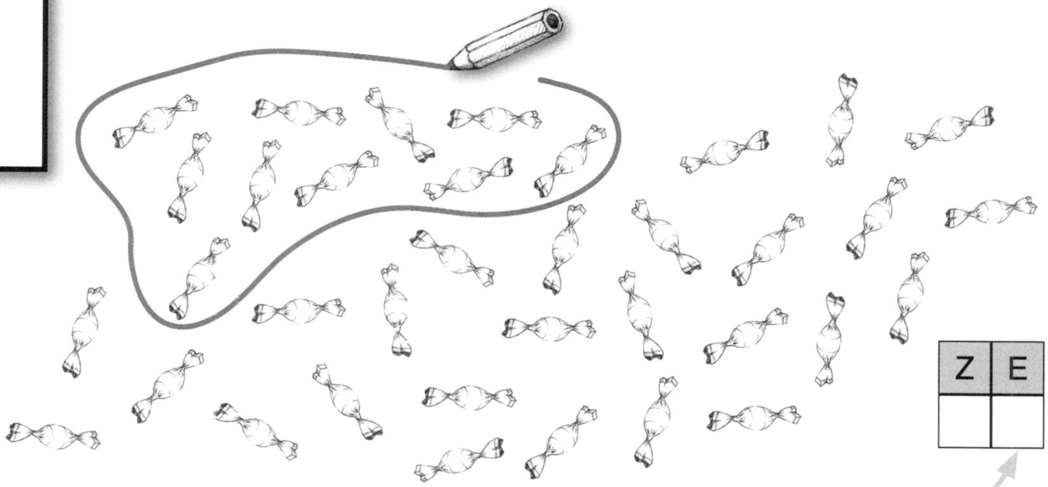

Z	E

Wie viele Bonbons bleiben übrig? ☐ Das sind die Einer!

Z	E

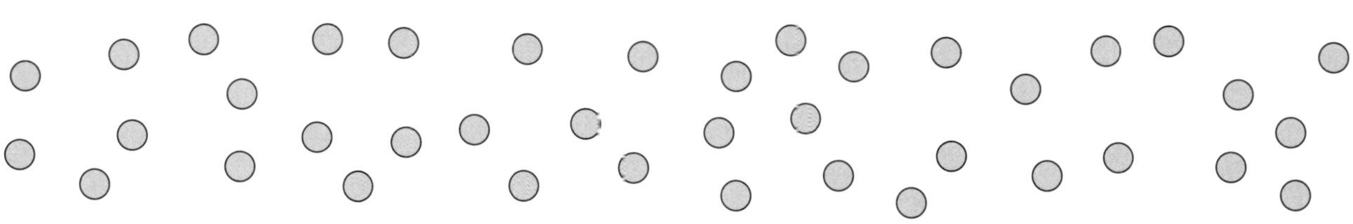

Z	E

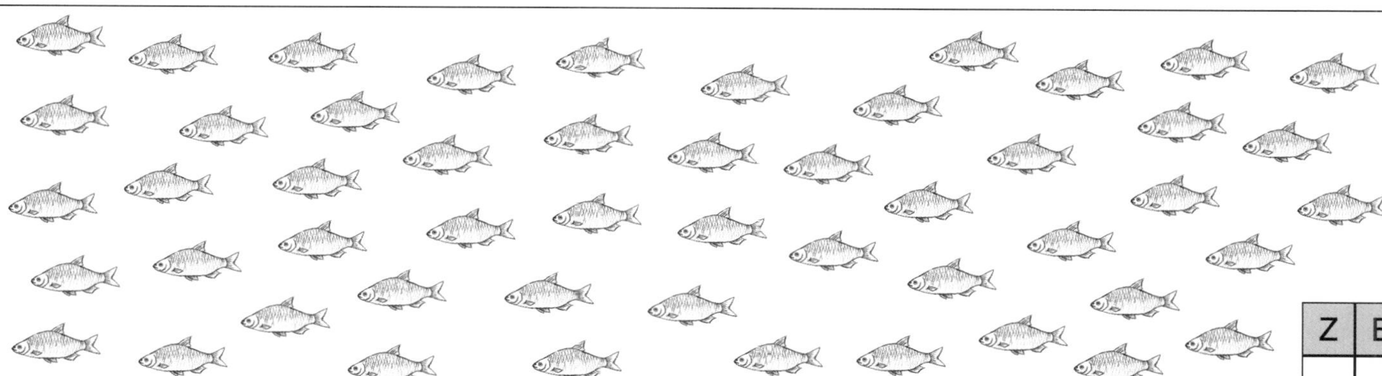

Z	E

Addiere!

5Z + 7E = 57
4Z + 4E = ___
8Z + 0E = ___
6Z + 9E = ___
8Z + 6E = ___

3Z + 2E = ___
4Z + 7E = ___
2Z + 9E = ___
6Z + 0E = ___
9Z + 8E = ___

4Z + 3E = ___
7Z + 6E = ___
3Z + 7E = ___
5Z + 6E = ___
6Z + 1E = ___

20 + 1 = 21
20 + 2 = ___
20 + 3 = ___
20 + 4 = ___

40 + 2 = ___
40 + 4 = ___
40 + 6 = ___
40 + 8 = ___

60 + 1 = ___
60 + 3 = ___
60 + 5 = ___
60 + 7 = ___

80 + 8 = ___
80 + 6 = ___
80 + 4 = ___
80 + 2 = ___

Zerlege!

Z	E
2	6

2Z + 6E = 26

Z = Zehner
E = Einer

26 = 20 + 6
18 = 10 + ___
31 = ___ + ___
47 = ___ + ___

74 = ___ + ___
66 = ___ + ___
62 = ___ + ___
92 = ___ + ___

37 = 30 + 7 →
64 = 60 + ___ →
53 = ___ + ___ →
44 = ___ + ___ →
93 = ___ + ___ →
75 = ___ + ___ →
30 = ___ + ___ →

Z	E
3	7
6	___
___	___
___	___
___	___
___	___
___	___

Streichele nun deinen Bauch! ☐

Wie viele Eier sind es?
Trage ein!

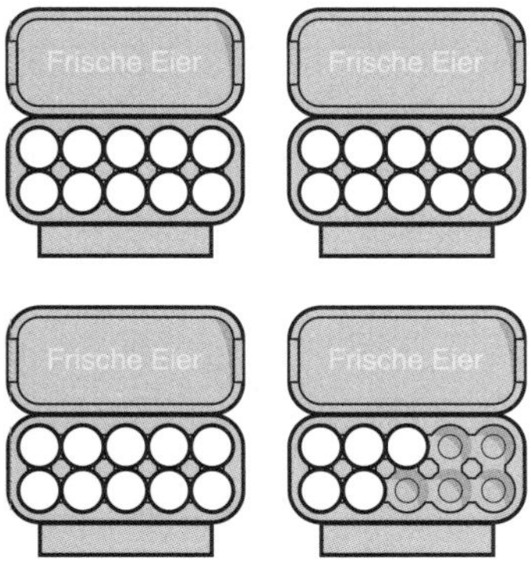

Z	E
3	5

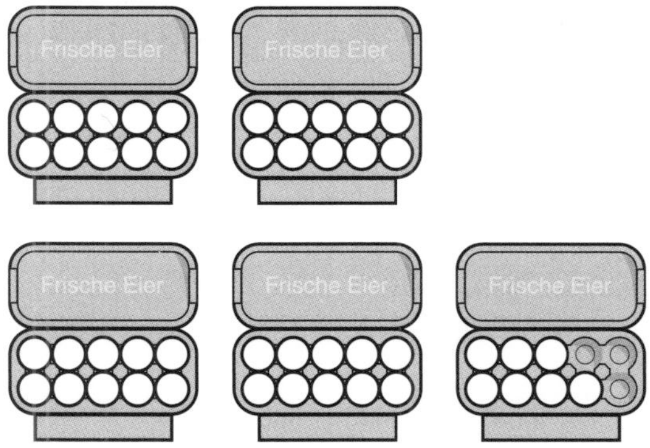

Z	E

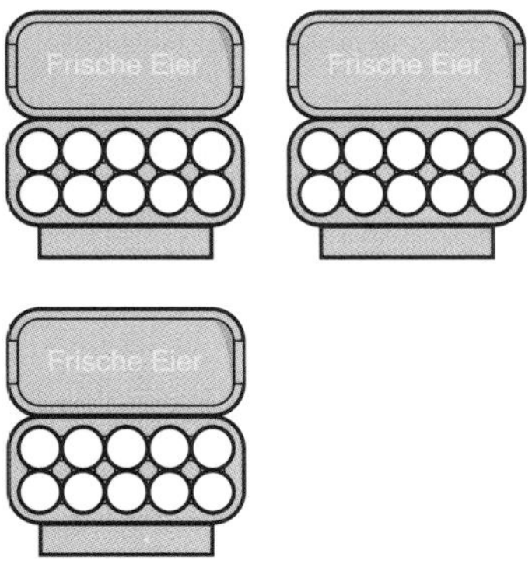

Z	E

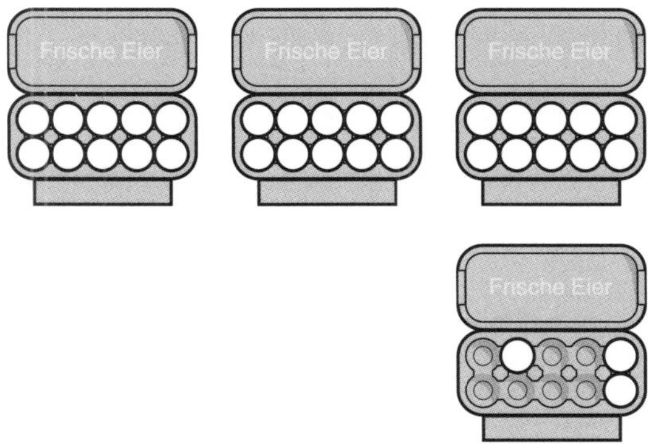

Z	E

Wie viele Perlen sind es? Trage sie ein!

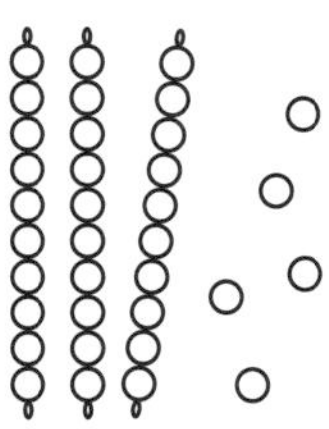

Z	E
3	5

→ 35

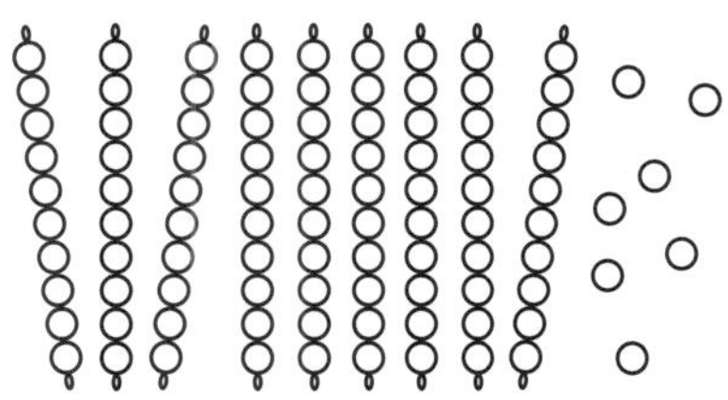

Z	E

→

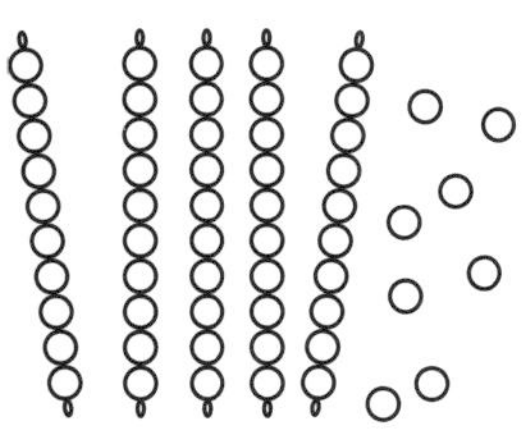

Z	E

→

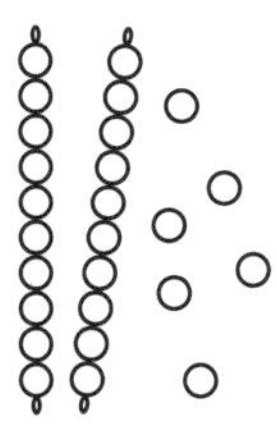

Z	E

→

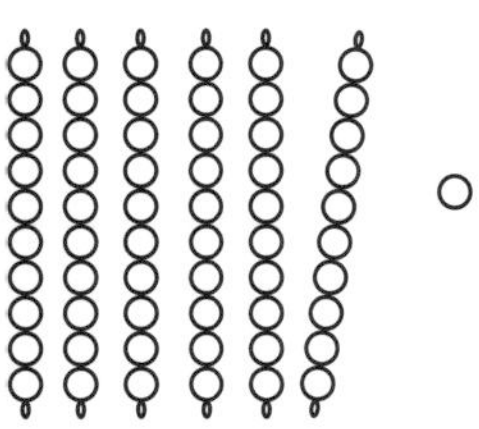

Z	E

→

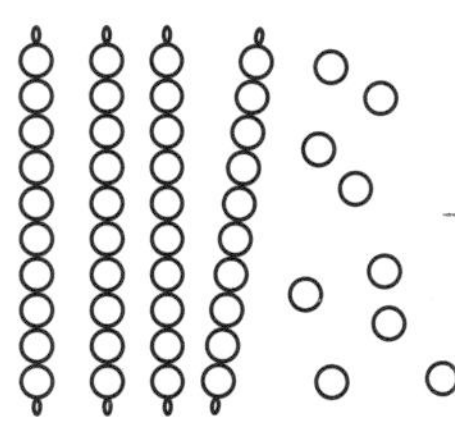

Z	E

→

Wie heißen die Nachbarzahlen?

Trage sie ein!

76	77	78		35			49			18	
	65			54			88			23	
	59			27			21			64	
	22			33			67			94	
	99			44			29			12	
	17			72			32			76	

Wie heißen die Vorgänger und Nachfolger?

Trage sie ein!

V	Zahl	N
16	17	18
	54	
	60	

V	Zahl	N
	78	
	46	
	51	

V	Zahl	N
	40	
	23	
39		

V	Zahl	N
85		
	32	
52		

V	Zahl	N
	51	
54		
		31

V	Zahl	N
		100
		47
	36	

V	Zahl	N
	71	
		38
		20

V	Zahl	N
	87	
54		
		60

V	Zahl	N
18		
	99	
	66	

V	Zahl	N
65		
	41	
	54	

V	Zahl	N
	59	
		48
26		

V	Zahl	N
		90
	21	
		19

Welche Zahlen fehlen hier?

Denke an das Hunderterfeld und trage sie ein!

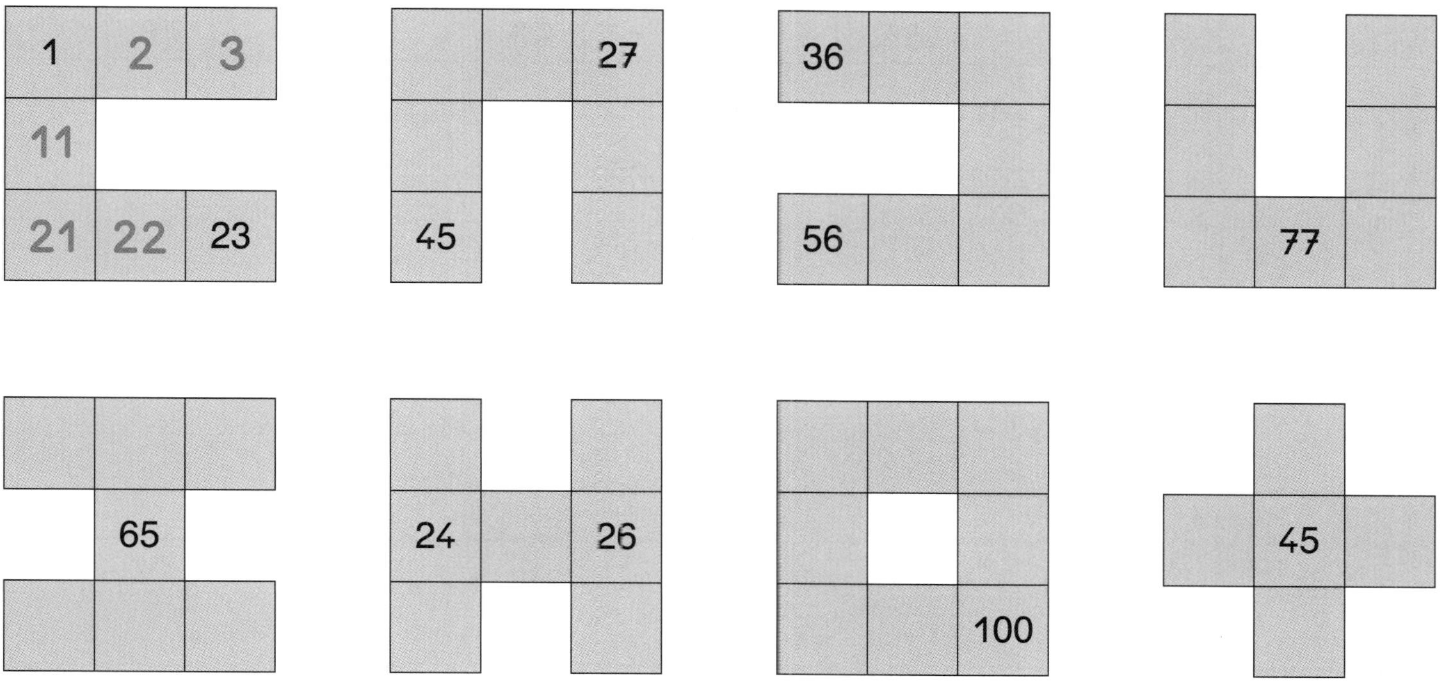

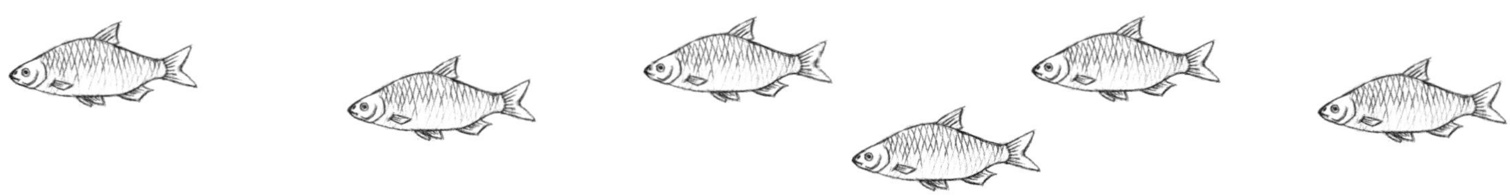

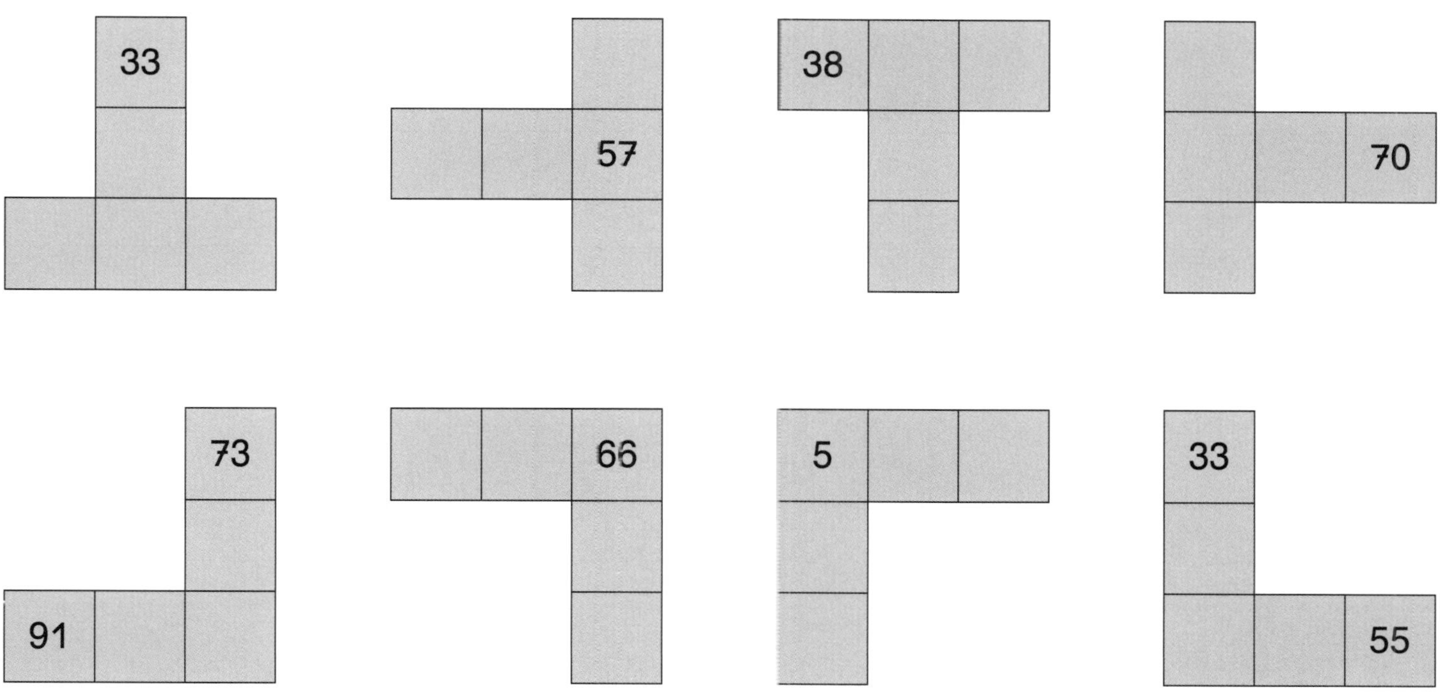

Zähle leise bis 101! ☐

Ordne die Zahlen der Größe nach!

Trage sie ein!

34, 31, 63, 81, 13, 3	3	13				
14, 44, 74, 40, 46, 24						
15, 50, 51, 71, 95, 5						
81, 18, 89, 28, 88, 78						
77, 67, 17, 7, 47, 97						
20, 2, 12, 42, 82, 62						

Schreibe die Zehnernachbarn auf!

20	30	40		10		20	25	30		95	
	70			50			82			41	
	40			60			18			70	
	80			90			56			12	
	20			30			37			65	

In welchem Monat hast du Geburtstag? ____________________

Das ist der ☐. Monat im Jahr.

Freust du dich schon auf deinen Geburtstag? ja ☐ nein ☐

Zeichne das Muster weiter!

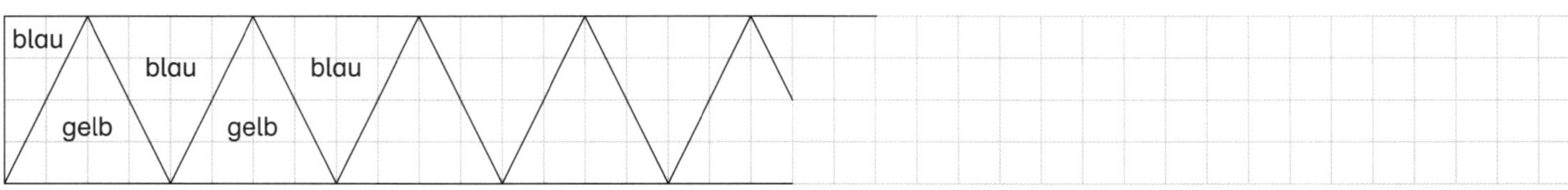

Trage die Zehnerzahlen ein!

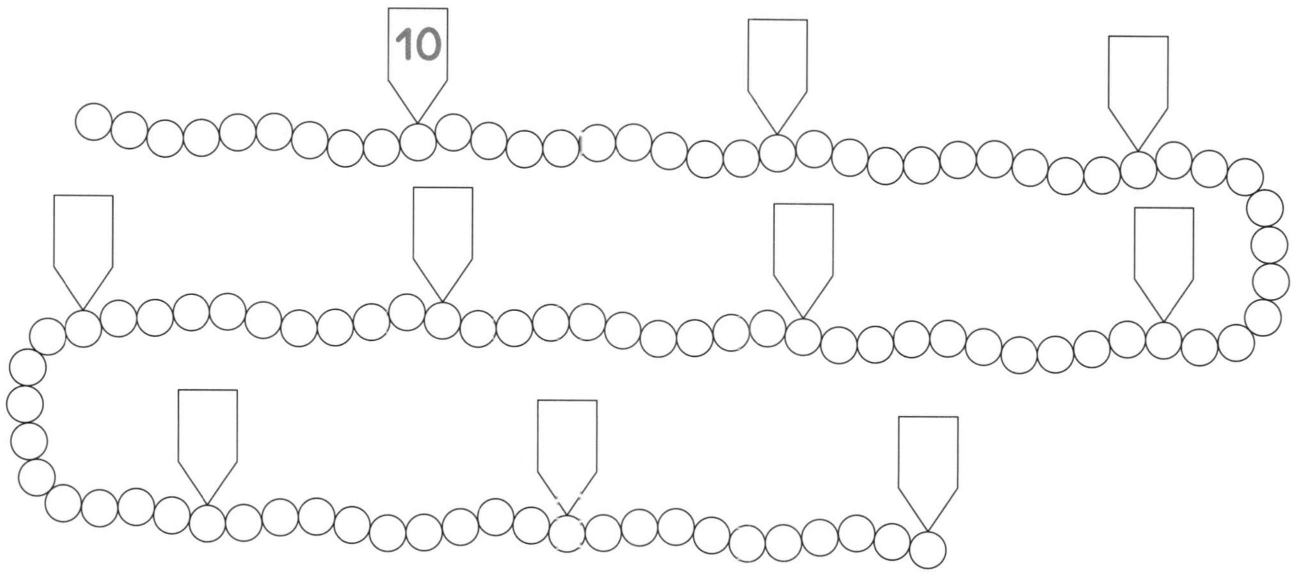

Trage die fehlenden Zahlen ein!

◯ ◯ 35 36 37 ◯ ◯

◯ ◯ ◯ ◯ 68 ◯ ◯

◯ ◯ 42 ◯

◯ ◯ ◯ ◯ ◯ 99 ◯

Trage die folgenden Zahlen richtig ein!

11 54 32 2 47 87 99 17 7 25 67 39 93 61 80 75

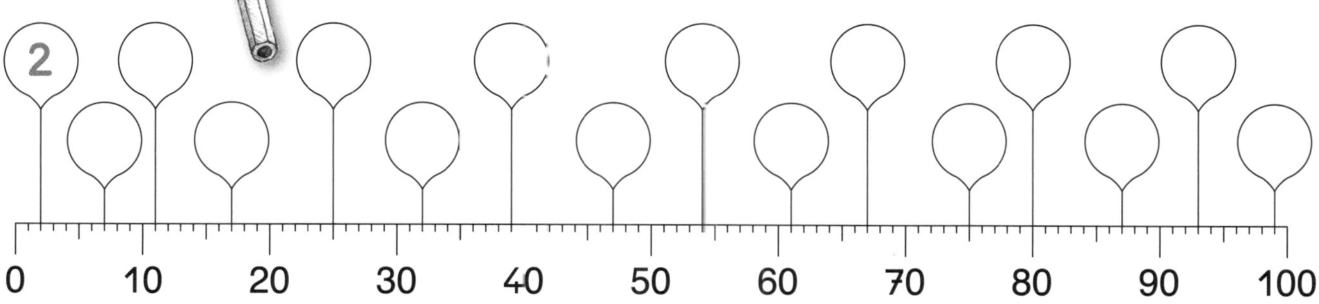

Verbinde! Hänge die Zahlenkarten an die richtige Stelle!

Trage die Zehnerzahlen ein!

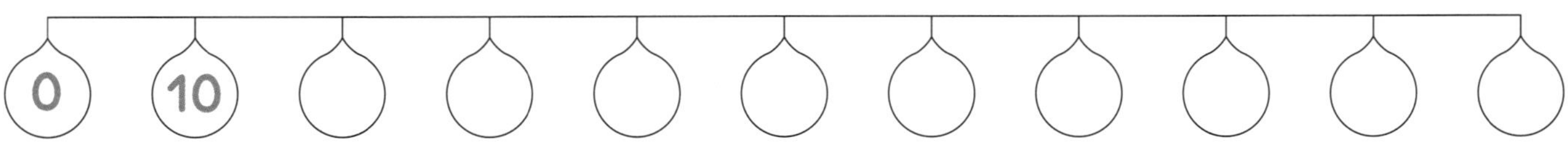

Trage diese Zahlen ein! 55 35 5 45 15 25

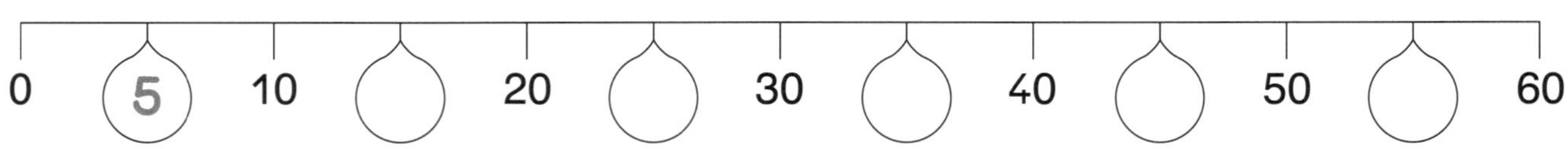

Trage diese Zahlen ein! 26 17 75 41 4 62 33 96 56 89

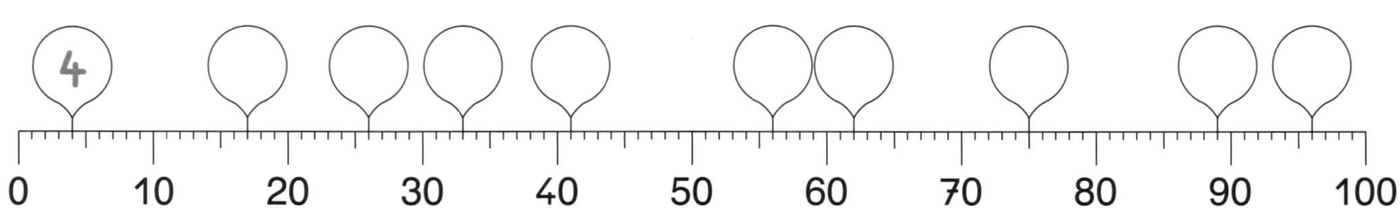

Trage die Zahlen ein!

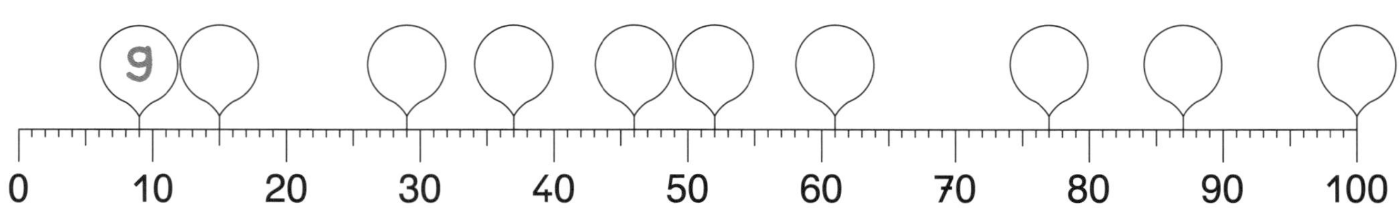

Trage die fehlenden Zahlen ein!

1			4			7		9	
11				15			18		
		23				27			30
	32			35				39	
			44			47			50
	52				56				
		63		65				69	
71				75			78		
			84		86			89	
		93				97			100

	36	

	53

84	

	100

Verbinde!

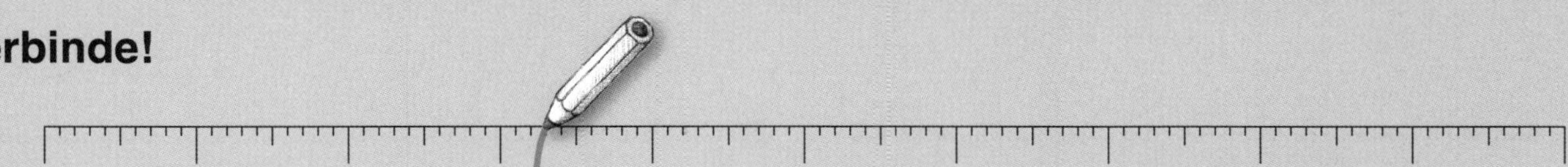

0 6 13 24 33 53 62 68 74 79 86 92 100

Vorgänger und Nachfolger

	48	
		52
	30	
27		

		70
19		
	58	
	9	

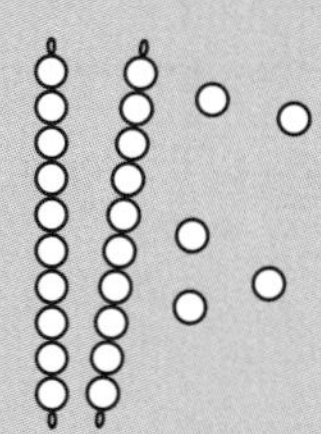

Z	E

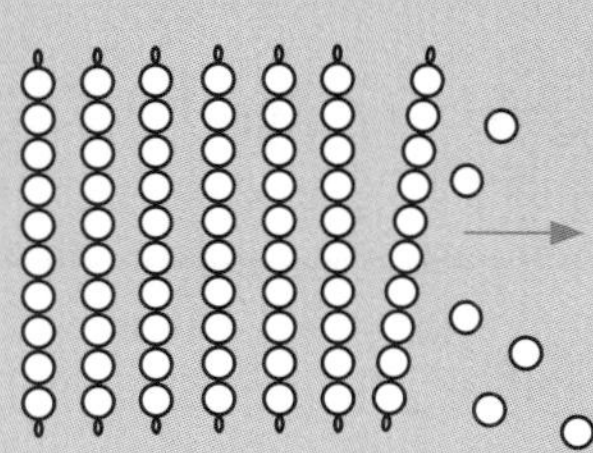

Z	E

20 + 7 = ___

60 + 3 = ___

5Z + 7E = ___

6Z + 0E = ___

34 = ___ + ___

92 = ___ + ___

Rechne mit Zehnern!

50 + 30 = 80
20 + 60 = ___
30 + 30 = ___

30 + 50 = ___
10 + 70 = ___
20 + 80 = ___

90 − 30 = ___
60 − 20 = ___
40 − 30 = ___

70 − 10 = ___
80 − 40 = ___
20 − 10 = ___

90 − 40 = ___
60 − 20 = ___
80 − 50 = ___

50 − 10 = ___
70 − 50 = ___
90 − 20 = ___

80 + 10 = ___
50 + 40 = ___
10 + 20 = ___

20 + 50 = ___
10 + 50 = ___
40 + 60 = ___

70 + 20 = ___
30 + 40 = ___
60 − 30 = ___

90 − 80 = ___
20 + 20 = ___
80 − 60 = ___

90 − 40 = ___
60 + 40 = ___
40 + 10 = ___

60 + 10 = ___
80 − 70 = ___
30 − 10 = ___

Rechne mit Zehnern!

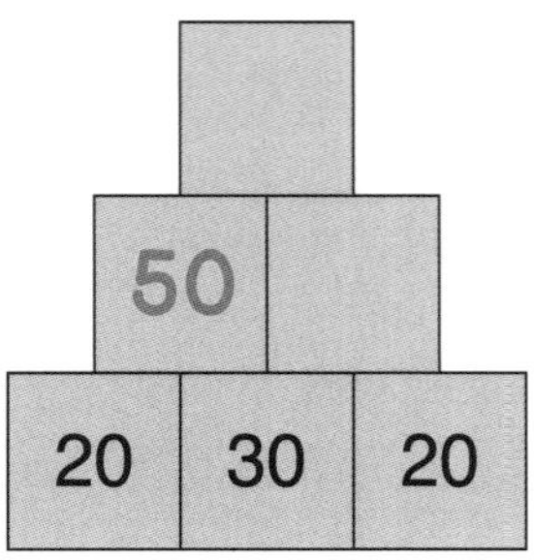

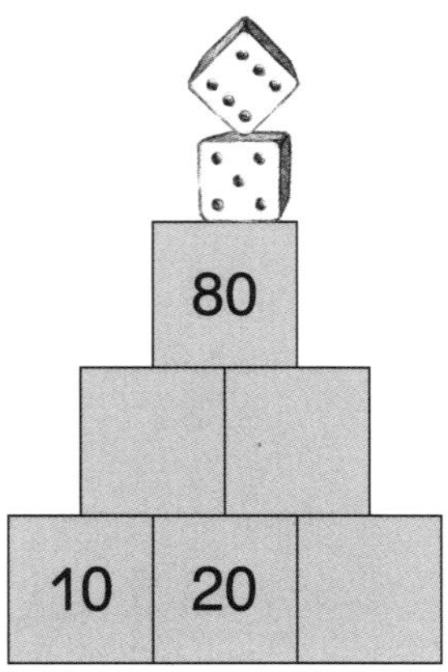

Waren diese Aufgaben

schwer ☐ oder leicht ☐ ?

Rechne mit Zehnern!

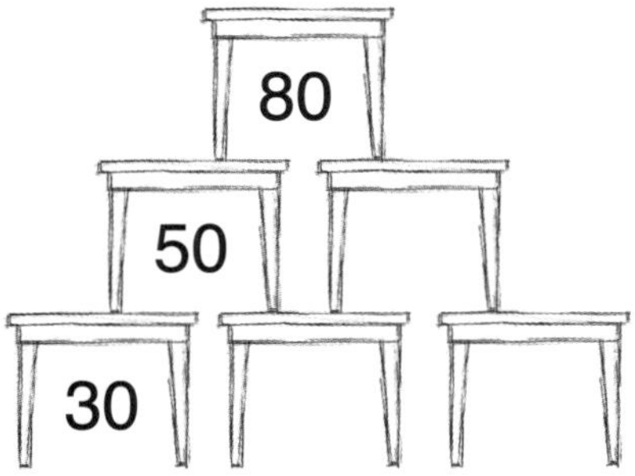

Rechne mit Zehnern!

80 + 10 = 90	20 + ___ = 80	90 − ___ = 30	80 − ___ = 50
40 + ___ = 70	10 + ___ = 90	50 − ___ = 40	70 − ___ = 20
30 + ___ = 60	50 + ___ = 70	60 − ___ = 20	40 − ___ = 10

Jetzt wird plus gerechnet!

40 + 5 = 45	90 + 9 = ___
20 + 9 = ___	70 + 7 = ___
40 + 3 = ___	80 + 1 = ___
50 + 7 = ___	30 + 8 = ___
90 + 4 = ___	10 + 4 = ___
60 + 2 = ___	50 + 5 = ___
10 + 8 = ___	80 + 3 = ___
30 + 6 = ___	40 + 2 = ___

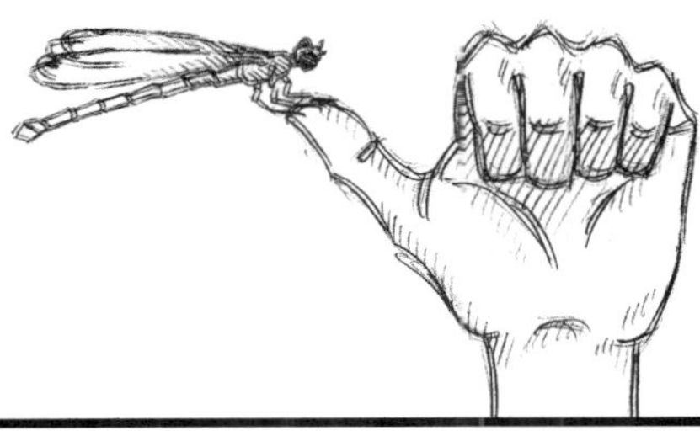

Recke und strecke dich! Aber leise! ☐

Rechne minus!

70 − 3 = 67
20 − 4 = ___
40 − 6 = ___
80 − 1 = ___
10 − 8 = ___
30 − 4 = ___
50 − 6 = ___

70 − 4 = ___
90 − 6 = ___
20 − 3 = ___
40 − 7 = ___
80 − 5 = ___
50 − 2 = ___
60 − 0 = ___

Rechne plus!

25 + 3 = 28
36 + 3 = ___
79 + 1 = ___
12 + 3 = ___
54 + 4 = ___
72 + 6 = ___
41 + 5 = ___

59 + 0 = ___
17 + 3 = ___
72 + 2 = ___
91 + 7 = ___
28 + 2 = ___
43 + 4 = ___
53 + 6 = ___

4 + 2 = 6
40 + 20 = ___

3 + 5 = ___
30 + 50 = ___

5 + 4 = ___
50 + 40 = ___

3 + 3 = ___
30 + 30 = ___

2 + 5 = ___
20 + 50 = ___

7 + 2 = ___
70 + 20 = ___

2 + 6 = ___
20 + 60 = ___

6 + 3 = ___
60 + 30 = ___

4 + 4 = ___
40 + 40 = ___

Lege den Kopf auf den Tisch, schließe die Augen und ruhe dich kurz aus! ☐

Rechne minus!

4 − 3 = 1	9 − 2 = ___	5 − 3 = ___
40 − 30 = ___	90 − 20 = ___	50 − 30 = ___
8 − 2 = ___	6 − 1 = ___	7 − 6 = ___
80 − 20 = ___	60 − 10 = ___	70 − 60 = ___
9 − 8 = ___	7 − 5 = ___	8 − 3 = ___
90 − 80 = ___	70 − 50 = ___	80 − 30 = ___

Rechne plus!

42 + 30 = 72
79 + 10 = ___
53 + 20 = ___
24 + 70 = ___
39 + 40 = ___
62 + 20 = ___
17 + 80 = ___

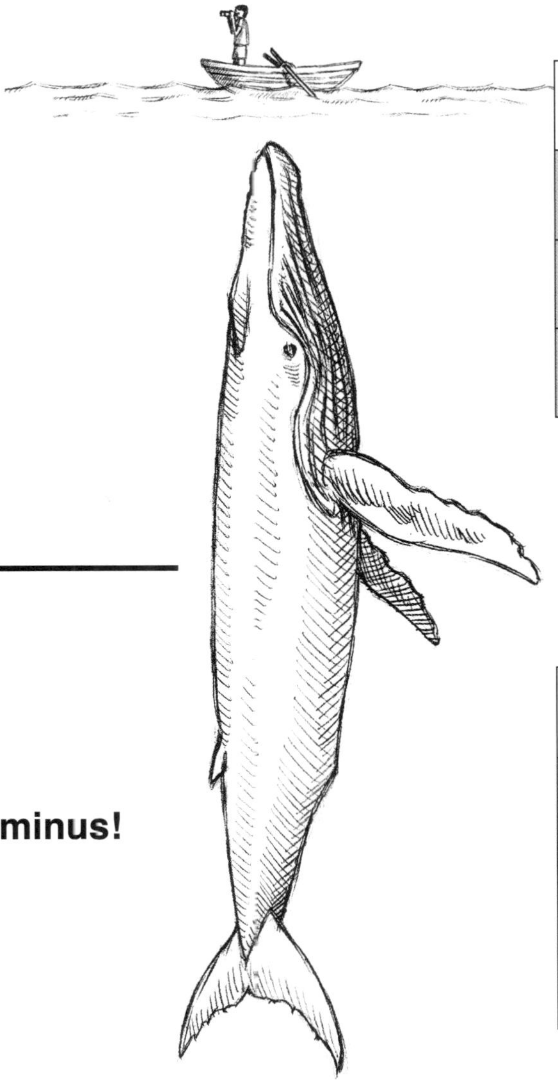

+	20	30	40
23	43		
33			
43			

62 − 50 = 12
89 − 70 = ___
51 − 40 = ___
92 − 80 = ___
76 − 30 = ___
44 − 20 = ___
64 − 60 = ___

Rechne minus!

−	20	30	40
70	50		
74			
78			

Stelle dich auf die Zehenspitzen! ☐

Gehe bei plus nach rechts! Zeichne die Pfeile ein!

5 + 3 = 8
15 + 3 = ___
25 + 3 = ___
35 + 3 = ___
45 + 3 = ___
55 + 3 = ___

61 + 4 = 65
71 + 4 = ___
81 + 4 = ___
91 + 4 = ___

1	2	3	4	5	6	7	8	9	10
11	12	13	14	15	16	17	18	19	20
21	22	23	24	25	26	27	28	29	30
31	32	33	34	35	36	37	38	39	40
41	42	43	44	45	46	47	48	49	50
51	52	53	54	55	56	57	58	59	60
61	62	63	64	65	66	67	68	69	70
71	72	73	74	75	76	77	78	79	80
81	82	83	84	85	86	87	88	89	90
91	92	93	94	95	96	97	98	99	100

2 + 2 = ___
12 + 2 = ___
22 + 2 = ___
32 + 2 = ___
42 + 2 = ___
52 + 2 = ___

66 + 0 = ___
76 + 0 = ___
86 + 0 = ___
96 + 0 = ___

Rechne plus!

+	2	4	6
62	64		
43			
21			

+	1	3	5
11			
34			
55			

Zeichne das Muster weiter!

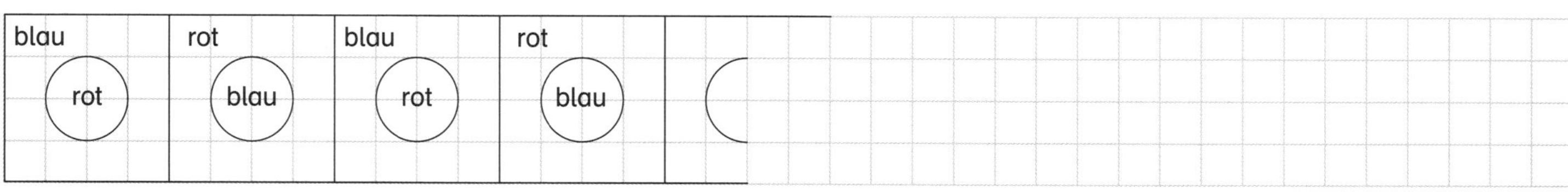

Finde 16 verschiedene Aufgaben und löse sie!

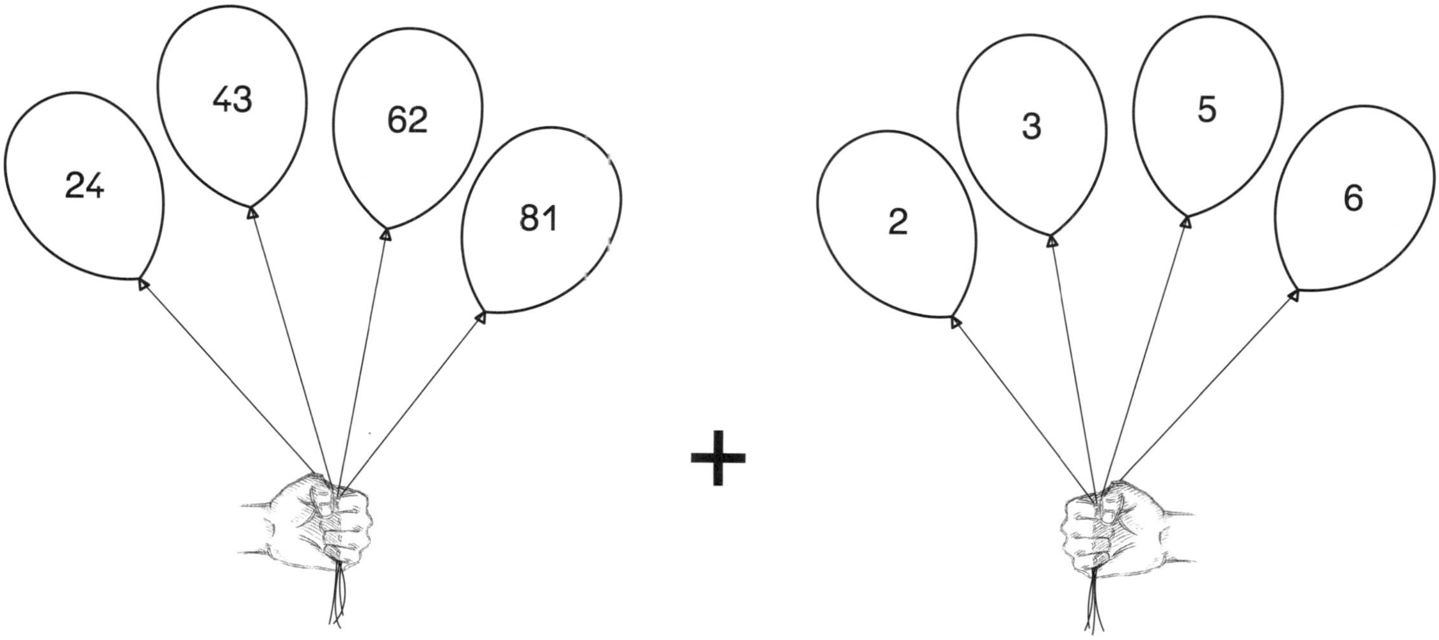

24 + 2 = ____   ____   ____   ____

24 + 3 = ____   ____   ____   ____

24 + 5 = ____   ____   ____   ____

____   ____   ____   ____

Gehe bei minus nach links! Zeichne die Pfeile ein!

5 – 3 = 2

15 – 3 = ____

25 – 3 = ____

35 – 3 = ____

45 – 3 = ____

55 – 3 = ____

65 – 3 = ____

75 – 3 = ____

85 – 3 = ____

95 – 3 = ____

1	2	3	4	5	6	7	8	9	10
11	12	13	14	15	16	17	18	19	20
21	22	23	24	25	26	27	28	29	30
31	32	33	34	35	36	37	38	39	40
41	42	43	44	45	46	47	48	49	50
51	52	53	54	55	56	57	58	59	60
61	62	63	64	65	66	67	68	69	70
71	72	73	74	75	76	77	78	79	80
81	82	83	84	85	86	87	88	89	90
91	92	93	94	95	96	97	98	99	100

9 – 3 = 6

19 – 3 = ____

29 – 3 = ____

39 – 3 = ____

49 – 3 = ____

59 – 3 = ____

69 – 3 = ____

79 – 3 = ____

89 – 3 = ____

99 – 3 = ____

Zum nächsten Zehner hin! Addiere bis zum nächsten vollen Zehner!

45 + 5 = 50	22 + ___ = 30	49 + ___ = 50	9 + ___ = 10
72 + ___ = 80	37 + ___ = 40	17 + ___ = 20	23 + ___ = 30
61 + ___ = 70	77 + ___ = 80	91 + ___ = 100	38 + ___ = 40

Zum letzten Zehner zurück! Subtrahiere zum letzten vollen Zehner!

54 – 4 = 50	21 – ___ = 20	83 – ___ = 80	46 – ___ = 40
36 – ___ = 30	89 – ___ = 80	97 – ___ = 90	55 – ___ = 50
48 – ___ = 40	77 – ___ = 70	28 – ___ = 20	19 – ___ = 10

Wie alt bist du? ☐ **In wie vielen Jahren bist du 10 Jahre alt?** ☐

Zum nächsten Zehner hin!
Vervollständige die Zahlenhäuser!

20		30		40		50		60		70	
12	8	23		39		42		56		70	
15		28		33		50		52		63	
18		21		36		41		55		69	
11		30		31		44		59		64	
20		25		37		47		54		66	

Wie alt bist du, wenn du doppelt so alt bist? **jetzt** ☐ **dann** ☐

Finde deinen Rechenweg!

8: 5 und [3] | 8: [5] und 3

45 + 8

45 + 5 = 50

50 + 3 = 53

45 + 8 = 53

7: 4 und [ ] | 7: [ ] und 3

26 + 7

26 + ___ = 30

30 + ___ = 33

26 + 7 = ___

6: 2 und [ ] | 6: [ ] und 4

38 + 6

38 + ___ = 40

40 + ___ = 44

38 + 6 = ___

5: 3 und [ ] | 5: [ ] und 2

87 + 5

87 + ___ = 90

90 + ___ = 92

87 + 5 = ___

In wie vielen Jahren bist du 20 Jahre alt? **In [ ] Jahren bin ich 20 Jahre alt.**

Addiere!

5 + 8 = 13	6 + 7 = ___	7 + 5 = ___
15 + 8 = ___	16 + 7 = ___	17 + 5 = ___
25 + 8 = ___	26 + 7 = ___	27 + ___ = ___
35 + 8 = ___	36 + 7 = ___	___ + ___ = ___
45 + 8 = ___	___ + 7 = ___	___ + ___ = ___
55 + 8 = ___	___ + 7 = ___	___ + ___ = ___
65 + 8 = ___	___ + 7 = ___	___ + ___ = ___
75 + 8 = ___	___ + 7 = ___	___ + ___ = ___
85 + 8 = ___	___ + 7 = ___	___ + ___ = ___

Zeichne das Muster weiter!

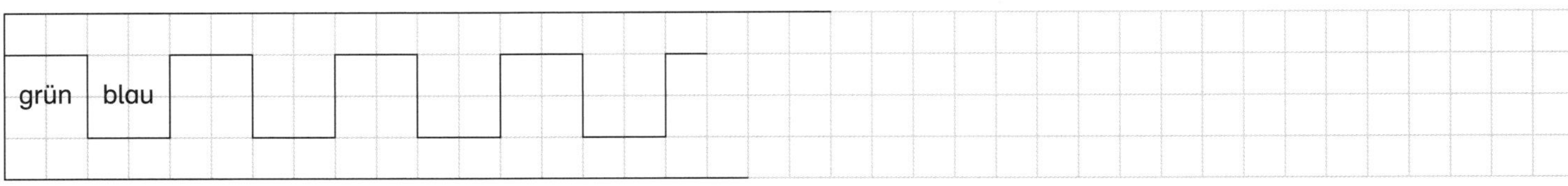

Rechne mal mit diesem Trick!

46 + 9

46 + 10 = 56

56 − 1 = 55

46 + 9 = ___

27 + 9

27 + 10 = ___

37 − 1 = ___

27 + 9 = ___

78 + 9

78 + 10 = ___

88 − 1 = ___

78 + 9 = ___

54 + 9

54 + 10 = ___

64 − 1 = ___

54 + 9 = ___

16 + 9

16 + 10 = ___

26 − 1 = ___

16 + 9 = ___

82 + 9

82 + 10 = ___

92 − 1 = ___

82 + 9 = ___

Wie rechnest du nun diese Aufgaben? Notiere deinen Rechenweg!

35 + 7 ______ ______

44 + 9 ______ ______

66 + 8 ______ ______

83 + 8 ______ ______

Zeichne das Muster weiter!

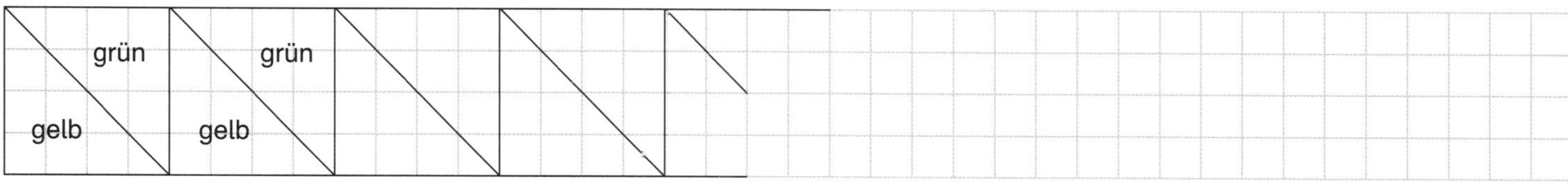

Rechne geschickt! Kreise jeweils die Zahl ein, die du zuerst addierst!

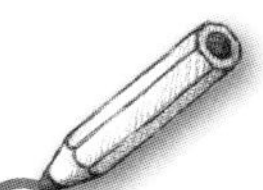

27 + (3) + 2 = 32

46 + 8 + (4) = ___

53 + 7 + 6 = ___

78 + 5 + 2 = ___

89 + 1 + 5 = ___

22 + 3 + 8 = ___

33 + 7 + 2 = ___

54 + 3 + 6 = ___

82 + 1 + 8 = ___

77 + 5 + 3 = ___

28 + 8 + 2 = ___

55 + 5 + 3 = ___

88 + 9 + 2 = ___

42 + 5 + 8 = ___

23 + 7 + 2 = ___

64 + 4 + 6 = ___

34 + 6 + 8 = ___

75 + 5 + 6 = ___

16 + 5 + 4 = ___

47 + 3 + 8 = ___

Mache die Augen zu und zähle bis zehn! ☐ 1 2 3 4 5 6 7 8 9 10

Setze diese Zahlen richtig in die Zahlenmauern ein!

(32) (24) (8) (~~17~~) (~~7~~) (1)

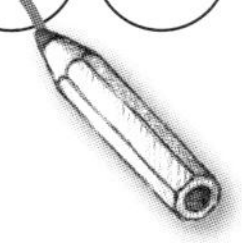

17	7	

(35) (25) (10) (16) (~~9~~) (1)

	9	

(17) (9) (8) (6) (~~3~~) (5)

	3	

(43) (23) (20) (12) (~~11~~) (9)

	11	

9 + 2 = ___

19 + 2 = ___

29 + 2 = ___

___ + 2 = ___

___ + 2 = ___

29 + 2 = ___

___ + 2 = ___

___ + 2 = ___

___ + 2 = ___

___ + 2 = ___

Rechne minus!

11 − 2 = 9

21 − 2 = ___

31 − 2 = ___

41 − 2 = ___

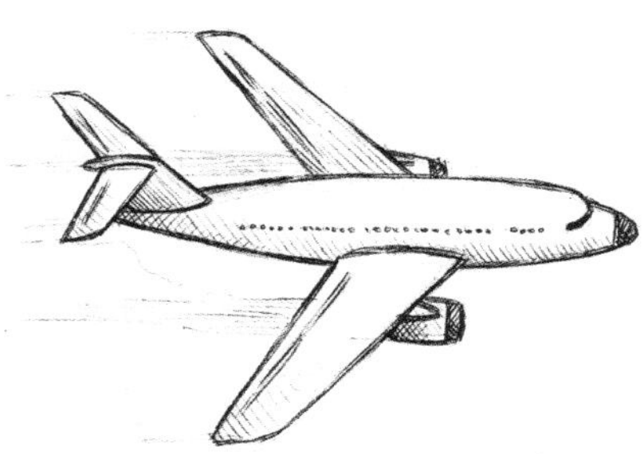

51 − 2 = ___

61 − 2 = ___

71 − 2 = ___

81 − 2 = ___

91 − 2 = ___

Finde deinen Rechenweg!

8: 5 und [3]

8: [5] und 3

45 – 8

45 – 5 = 40

40 – 3 = 37

45 – 8 = 37

7: 6 und [ ]

7: [ ] und 1

26 – 7

26 – 6 = ___

20 – ___ = 19

26 – 7 = ___

9: 7 und [ ]

9: [ ] und 2

87 – 9

87 – 7 = ___

80 – ___ = 78

87 – 9 = ___

6: 3 und [ ]

6: [ ] und 3

53 – 6

53 – 3 = ___

50 – ___ = 47

53 – 6 = ___

Zähle die Mädchen in deiner Klasse! Es sind [ ] Mädchen.

Subtrahiere!

15 – 8 = 7	16 – 7 = ___	13 – 6 = ___
25 – 8 = ___	26 – 7 = ___	23 – ___ = ___
35 – 8 = ___	36 – 7 = ___	___ – ___ = ___
___ – 8 = ___	___ – 7 = ___	___ – ___ = ___
___ – 8 = ___	___ – 7 = ___	___ – ___ = ___
65 – 8 = ___	___ – 7 = ___	___ – ___ = ___
___ – 8 = ___	___ – 7 = ___	___ – ___ = ___
___ – 8 = ___	___ – 7 = ___	___ – ___ = ___
95 – 8 = ___	___ – 7 = ___	___ – ___ = ___

Frage zu Hause!

Wie alt ist dein Opa?

Wie viele Jahre ist er älter als du?

Mein Opa ist ☐ Jahre alt.

Mein Opa ist ☐ Jahre älter als ich.

Rechne mal mit diesem Trick!

47 – 9

47 – 10 = 37

37 + 1 = 38

47 – 9 = 38

53 – 9

53 – ___ = 43

43 + ___ = 44

53 – 9 = ___

84 – 9

84 – ___ = 74

74 + ___ = 75

84 – 9 = ___

76 – 9

76 – ___ = 66

66 + ___ = 67

76 – 9 = ___

18 – 9

18 – ___ = 8

8 + ___ = 9

18 – 9 = ___

92 – 9

92 – ___ = 82

82 + ___ = 83

92 – 9 = ___

Wie rechnest du nun diese Aufgaben? Notiere deinen Rechenweg!

61 – 5 = 56	43 – 7 = ___	25 – 8 = ___	82 – 9 = ___
______	______	______	______
______	______	______	______

Frage zu Hause!

Wie alt ist deine Oma? Meine Oma ist ☐ Jahre alt.

Wie viele Jahre ist sie älter als du? Meine Oma ist ☐ Jahre älter als ich.

Rechne geschickt! Kreise jeweils die Zahl ein, die du zuerst subtrahierst (abziehst)!

43 – 2 – (3) = 38	37 – 7 – 3 = ___
57 – (7) – 2 = ___	54 – 2 – 4 = ___
36 – 3 – 6 = ___	23 – 2 – 3 = ___
82 – 0 – 2 = ___	48 – 8 – 3 = ___
28 – 8 – 2 = ___	64 – 4 – 3 = ___
77 – 1 – 7 = ___	71 – 2 – 1 = ___
62 – 7 – 2 = ___	99 – 9 – 3 = ___
35 – 5 – 8 = ___	34 – 5 – 4 = ___
44 – 9 – 4 = ___	25 – 5 – 3 = ___
93 – 7 – 3 = ___	86 – 6 – 6 = ___

Male das Chamäleon bunt an! ☐

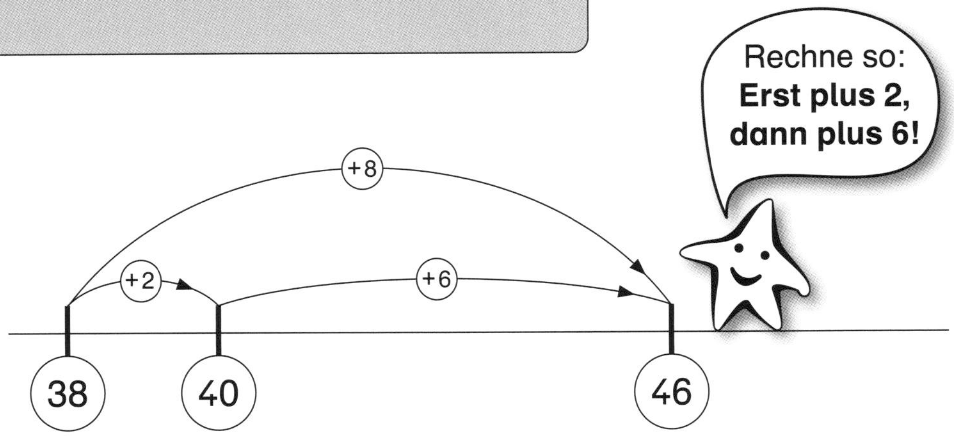

38 + 2 + 6 = 46

38 + 8 = 46

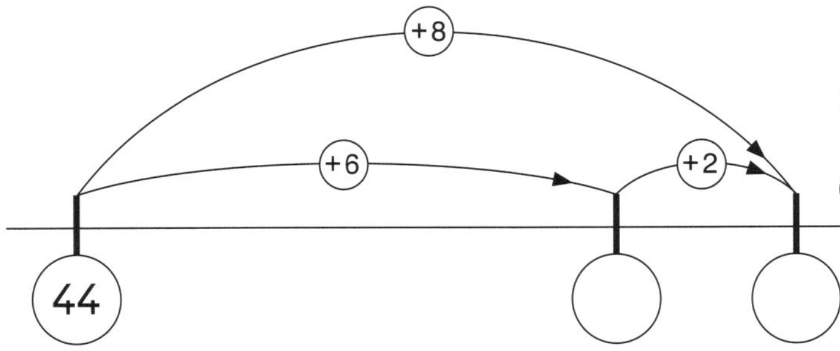

Erst plus ☐,
dann plus ☐!

44 + 6 + ___ = 52

44 + ___ = 52

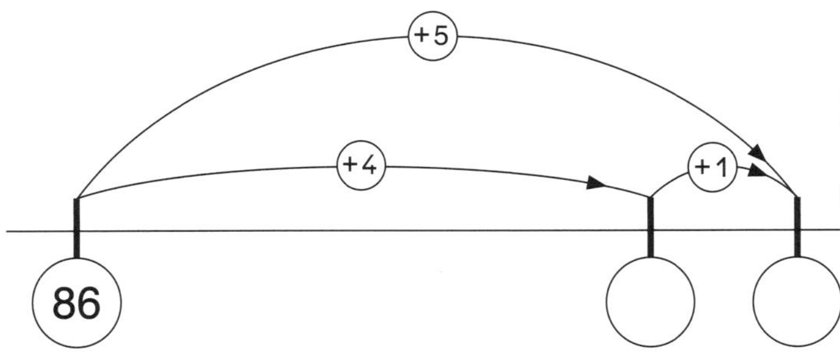

Erst plus ☐,
dann plus ☐!

86 + ___ + ___ = 91

86 + ___ = 91

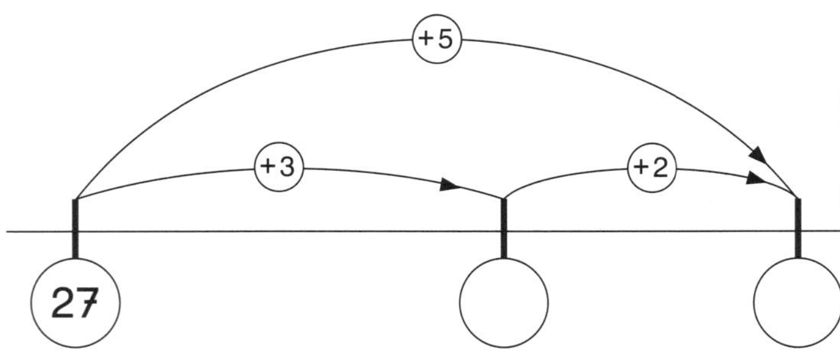

Erst plus ☐,
dann plus ☐!

27 + ___ + ___ = 32

27 + ___ = 32

Addiere!

22 + 9 = 31

26 + ___ = 33

58 + ___ = 64

25 + ___ = 32

74 + ___ = 82

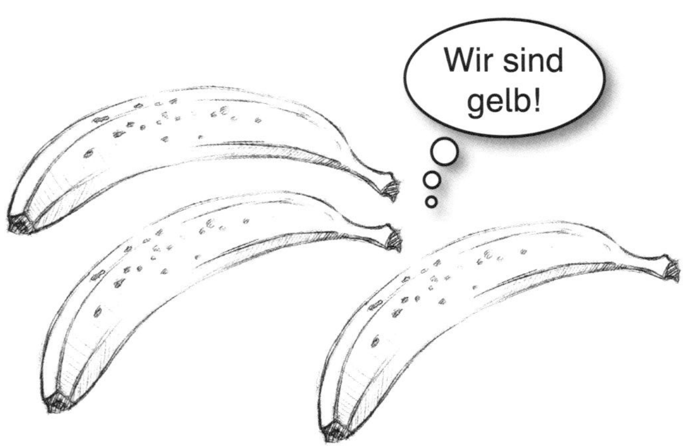

38 + ___ = 45

63 + ___ = 72

44 + ___ = 53

32 + ___ = 41

29 + ___ = 35

45 – 5 – 3 = 37

45 – 8 = 37

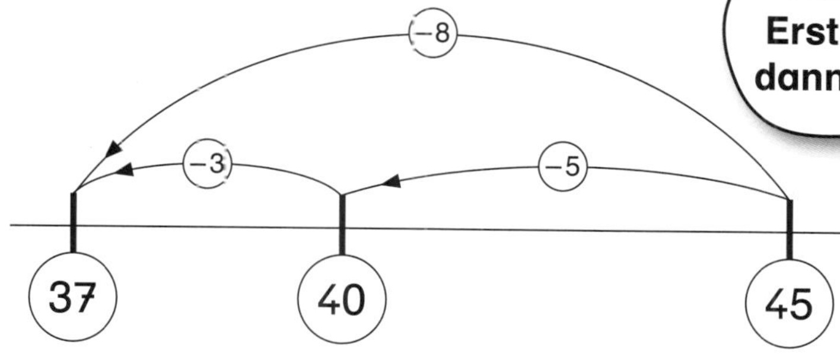

73 – 3 – ___ = 68

73 – ___ = 68

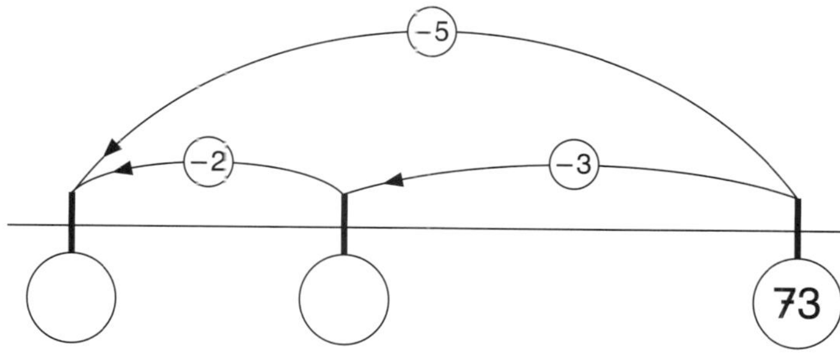

Erst minus ☐, dann minus ☐!

64 – ___ – ___ = 57

64 – ___ = 57

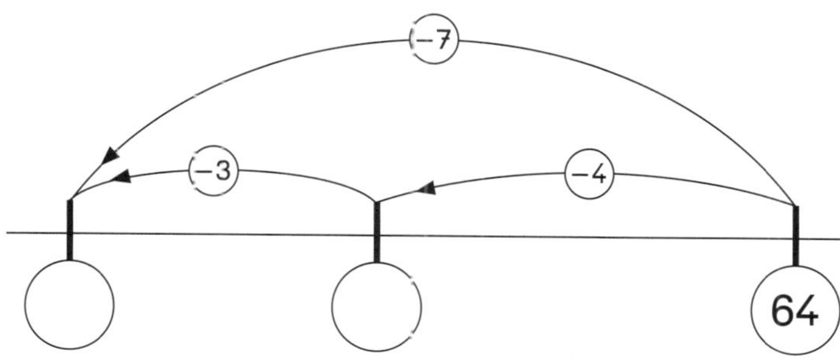

Erst minus ☐, dann minus ☐!

32 – ___ – ___ = 26

32 – ___ = 26

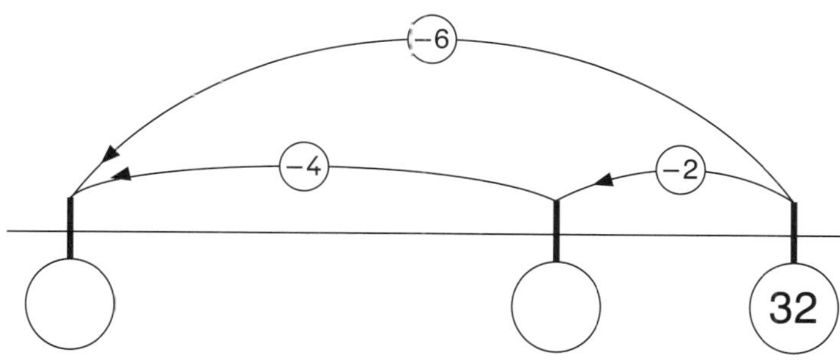

Erst minus ☐, dann minus ☐!

Subtrahiere!

52 – 4 = 48

63 – ___ = 58

27 – ___ = 19

64 – ___ = 59

97 – ___ = 89

14 – ___ = 8

74 – ___ = 66

42 – ___ = 37

83 – ___ = 75

38 – ___ = 29

Löse die Textaufgaben!

23 Jungen und 9 Mädchen
fahren mit dem Bus.

Frage: Wie viele Kinder fahren mit dem Bus ______ ?

Rechnung:

2	3	+		=				

Antwort: ______ .

Auf einer Wiese stehen 23 Blumen.
Kati schneidet 5 Blumen ab.

Frage: ______ ?

Rechnung:

Antwort: ______ .

Leander will einen Turm aus 43
Bausteinen bauen.
9 stehen schon übereinander.

Frage: ______ ?

Rechnung:

Antwort: ______ .

Löse die Textaufgaben!

Leonore will 100 Perlen auffädeln.
77 Perlen hat sie schon aufgefädelt.

Frage: ____ ?

Rechnung:

Antwort: ____ .

Es brennen 24 Kerzen.
Der Wind bläst 8 aus.

Frage: ____ ?

Rechnung:

Antwort: ____ .

Denke dir selbst eine Aufgabe aus und löse sie!

____

____

____

Frage: ____ ?

Rechnung:

Antwort: ____ .

Rechne so!

52 + 24

52 + 20 = 72

72 + 4 = ___

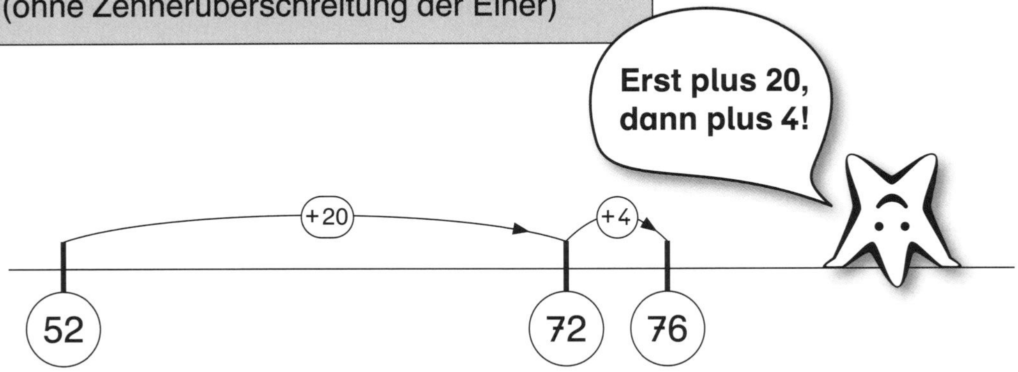

36 + 42

36 + 40 = ___

76 + 2 = ___

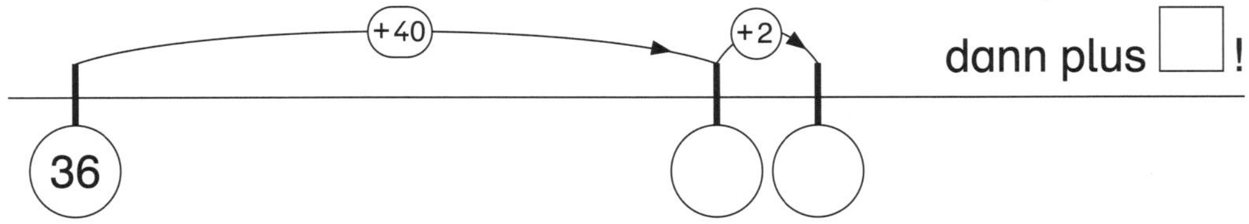

Erst plus ☐,

dann plus ☐!

Oder so!

52 + 24

52 + 4 = 56

56 + 20 = ___

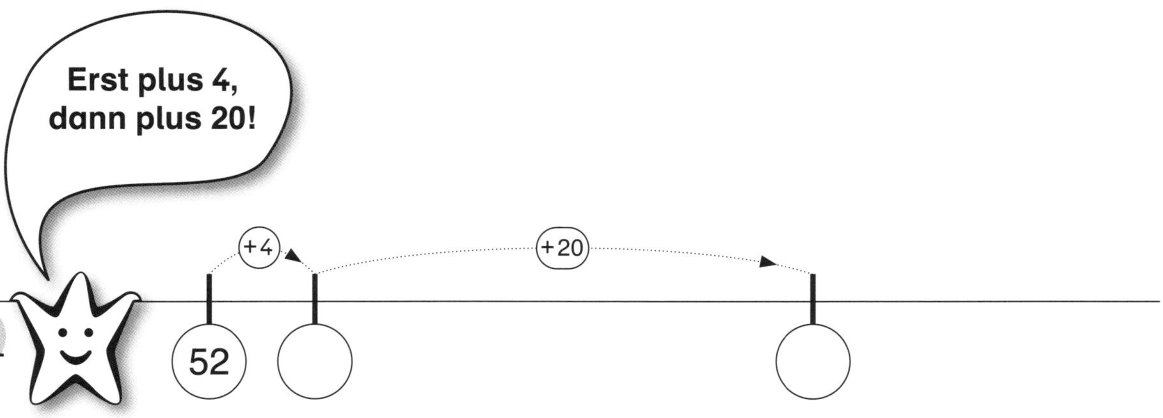

42 + 35

42 + 5 = ___

47 + 30 = ___

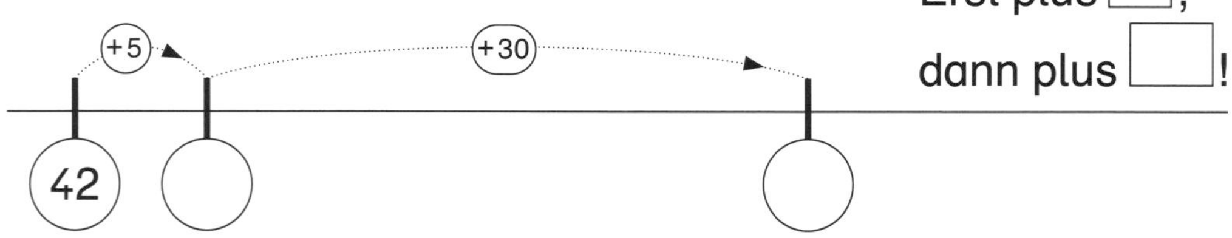

Erst plus ☐,

dann plus ☐!

Rechne nun auf deinem Weg!

24 + 62	35 + 32	46 + 23	42 + 36
___	___	___	___
___	___	___	___

Rechne auf deinem Weg!

33 + 33 = 66
76 + 12 = ___
54 + 24 = ___
75 + 6 = ___
43 + 34 = ___

33 + 56 = ___
51 + 46 = ___
61 + 23 = ___
25 + 74 = ___
23 + 43 = ___

54 + 32 = ___
75 + 21 = ___
43 + 36 = ___
18 + 61 = ___
26 + 33 = ___

13		
6	7	8

12	11	12

32	13	22

Bei Plusaufgaben kann man tauschen!

23 + 41 = 64
41 + 23 = ___

51 + 36 = ___
___ + ___ = ___

32 + 66 = ___
___ + ___ = ___

15 + 43 = ___
___ + ___ = ___

81 + 16 = ___
___ + ___ = ___

52 + 38 = ___
___ + ___ = ___

+	64	52	25
23	87		
34			

+	33	24	13
26			
41			

+	32	42	51
35			
27			

Rechne so!

56 – 24

56 – 20 = 36

36 – 4 = 32

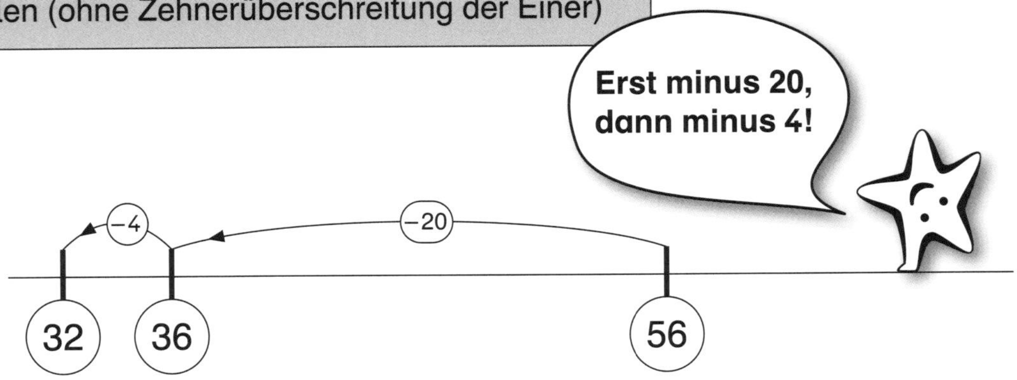

48 – 36

48 – 30 = ___

18 – 6 = ___

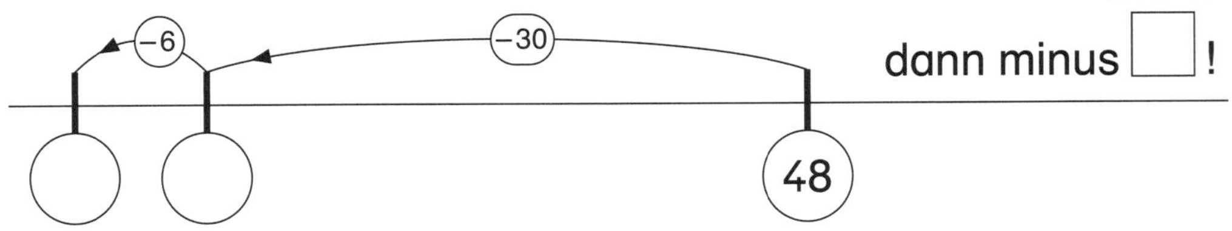

Erst minus ☐,
dann minus ☐!

Oder so!

56 – 24

56 – 4 = 52

52 – 20 = 32

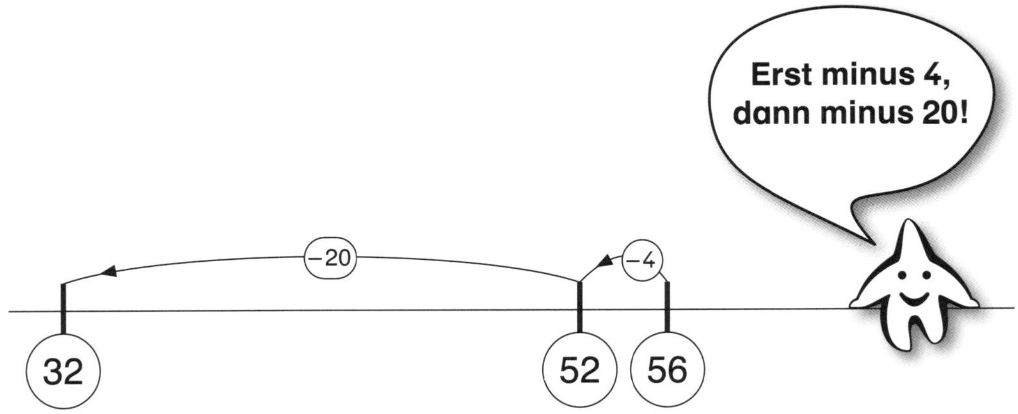

48 – 36

48 – 6 = ___

42 – ___ = ___

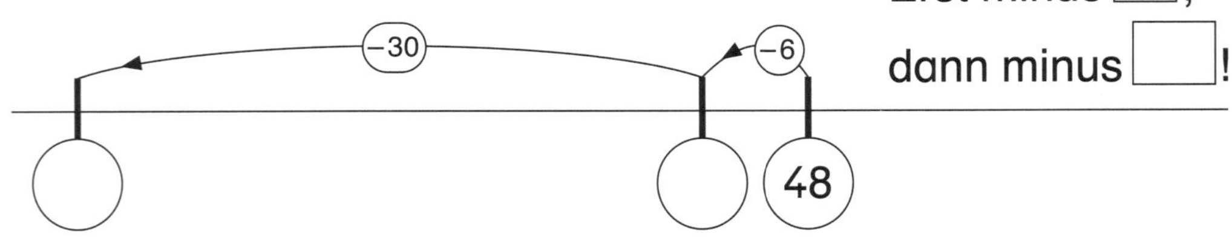

Erst minus ☐,
dann minus ☐!

Rechne nun auf deinem Weg!

38 – 12

82 – 51

77 – 33

46 – 35

Rechne auf deinem Weg!

97 – 55 = 42	78 – 60 = ___	56 – 34 = ___	61 – 11 = ___
86 – 25 = ___	79 – 64 = ___	99 – 46 = ___	75 – 4 = ___
65 – 13 = ___	38 – 26 = ___	28 – 16 = ___	49 – 37 = ___
41 – 40 = ___	47 – 21 = ___	74 – 34 = ___	27 – 19 = ___

–	26	34	52
97	71		
68			

–	16	35	24
89			
46			

–	24	12	16
66			
29			

Kennst du diese Ringe? Male die Ringe in der passenden Farbe aus!

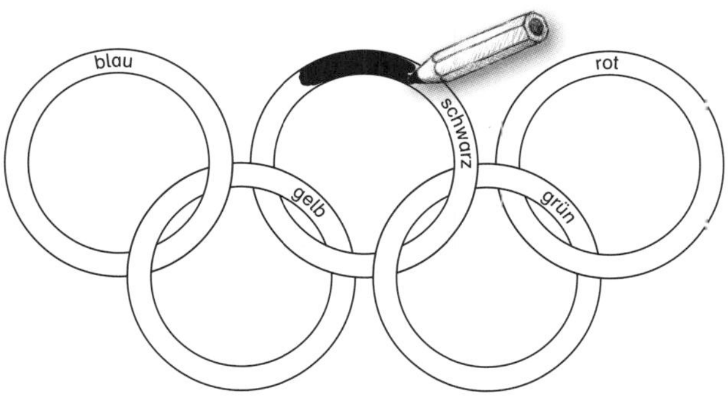

Das sind die Olympischen Ringe. Zeiche die Ringe nach!

Weißt du, was diese Ringe bedeuten? ja ☐ nein ☐

Die Ringe stehen für die fünf Kontinente unserer Erde. Blau steht für Europa, gelb für Asien, schwarz für Afrika, grün für Australien und rot für Amerika.

Male schöne Muster mit Buntstiften!

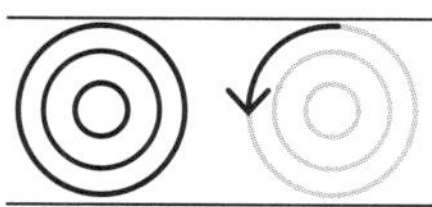

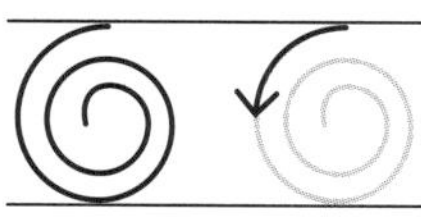

Rechne so!

38 + 24

38 + 20 = 58

58 + 4 = 62

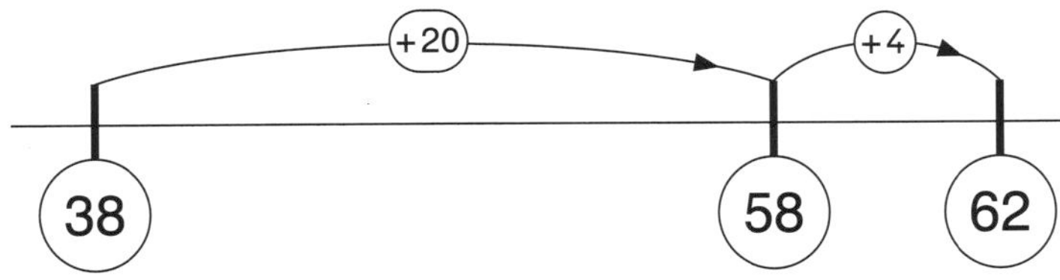

Erst plus ☐,
dann plus ☐!

28 + 36

28 + ___ = 58

58 + 6 = ___

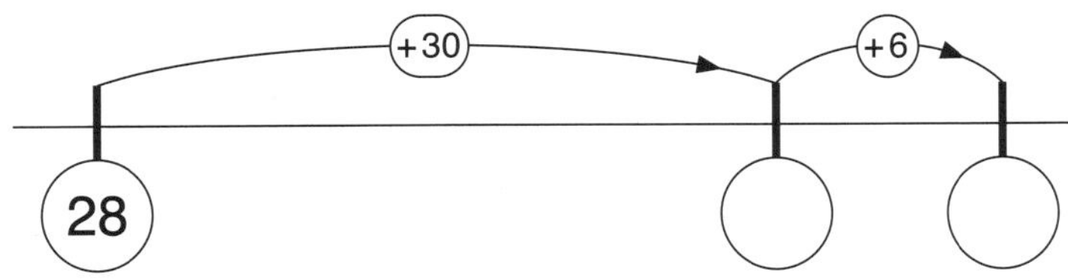

Erst plus ☐,
dann plus ☐!

78 + 19

78 + 10 = ___

88 + ___ = 97

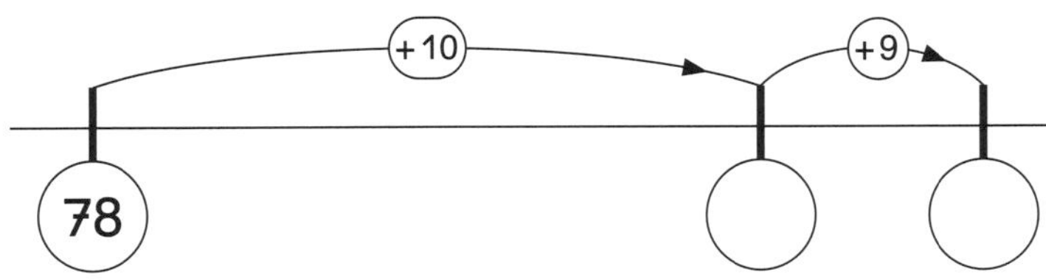

Oder so!

38 + 24

38 + 4 = 42

42 + 20 = 62

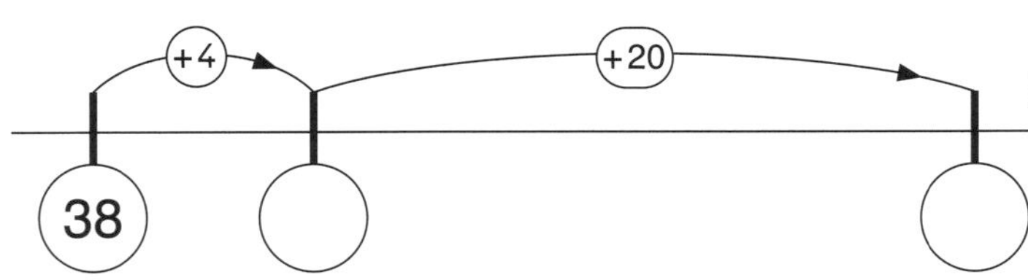

Erst plus ☐,
dann plus ☐!

28 + 36

28 + 6 = ___

34 + ___ = ___

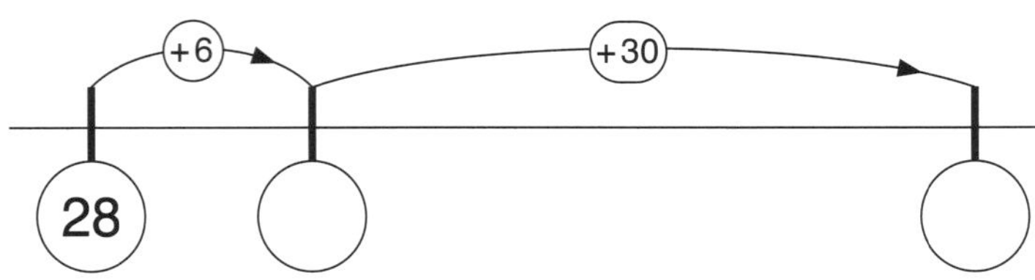

Erst plus ☐,
dann plus ☐!

78 + 19

78 + 9 = ___

87 + ___ = ___

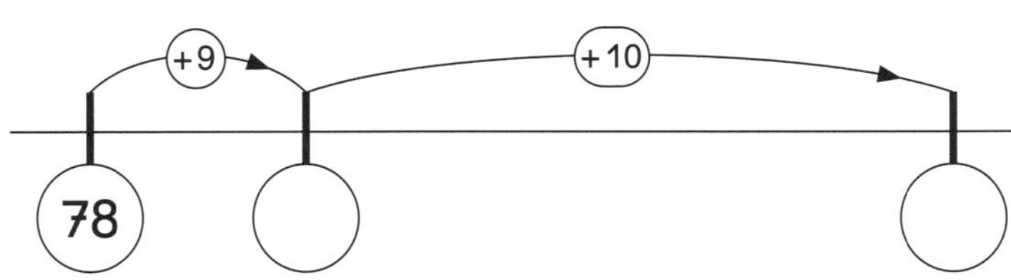

Rechne auf deinem Weg!

67 + 25 = 92	79 + 21 = ___	19 + 37 = ___	47 + 34 = ___
56 + 27 = ___	27 + 64 = ___	77 + 13 = ___	19 + 73 = ___
16 + 48 = ___	38 + 43 = ___	17 + 44 = ___	38 + 49 = ___
39 + 46 = ___	66 + 29 = ___	28 + 36 = ___	45 + 23 = ___

Wie heißen diese Formen?

___ ___ ___ ___

Addiere!

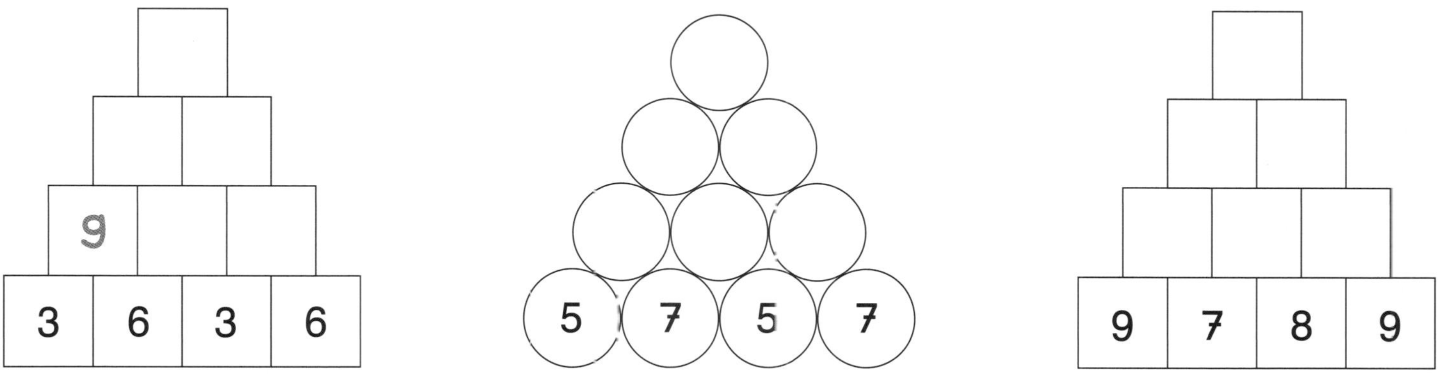

26 + 17 = 43	34 + 17 = ___	43 + 17 = ___
26 + 19 = ___	34 + 19 = ___	43 + 19 = ___
26 + 21 = ___	34 + 21 = ___	43 + 21 = ___

Zeichne das Muster weiter!

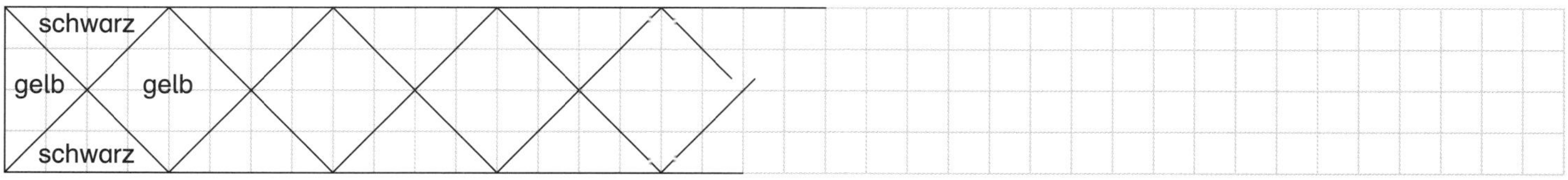

Rechne so!

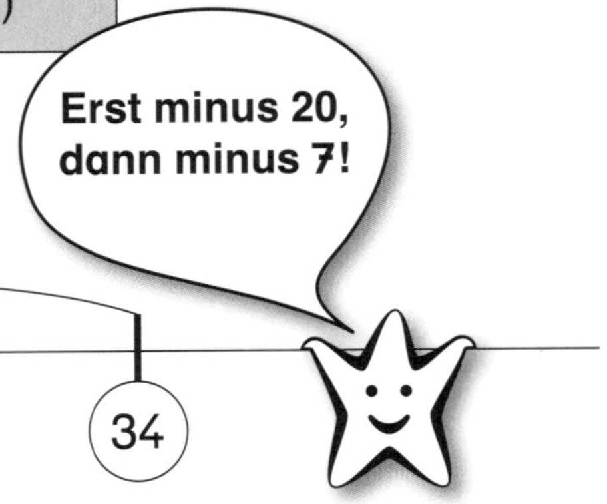

34 – 27

34 – 20 = 14

14 – 7 = 7

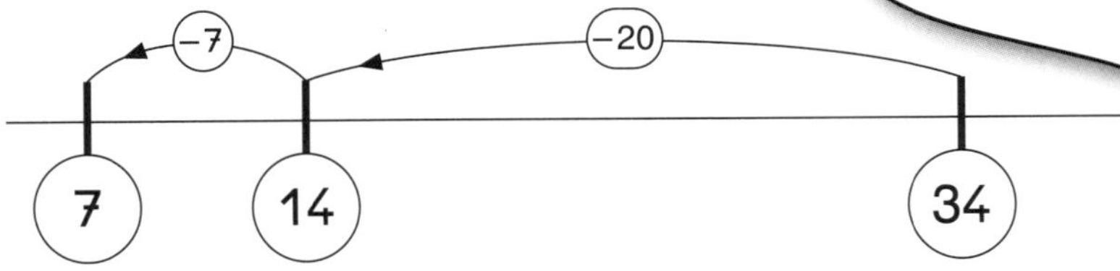

53 – 26

53 – 20 = 33

33 – ___ = 27

Erst minus ☐,
dann minus ☐!

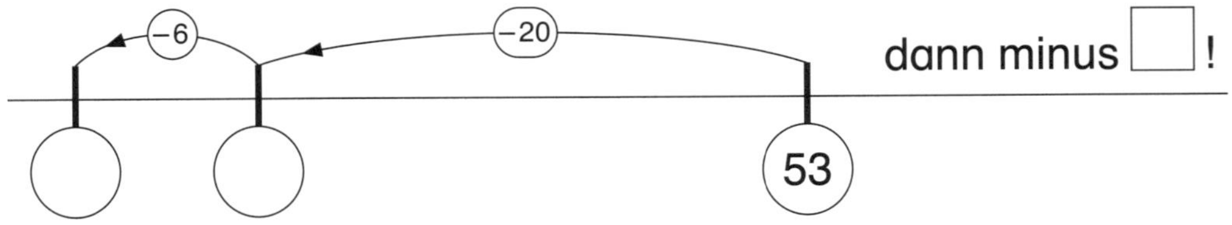

86 – 38

86 – ___ = 56

56 – ___ = 48

Erst minus ☐,
dann minus ☐!

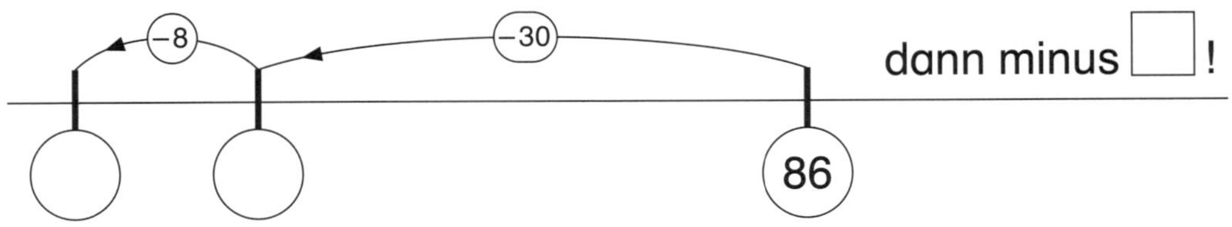

Oder so!

34 – 27

34 – 7 = 27

27 – ___ = 7

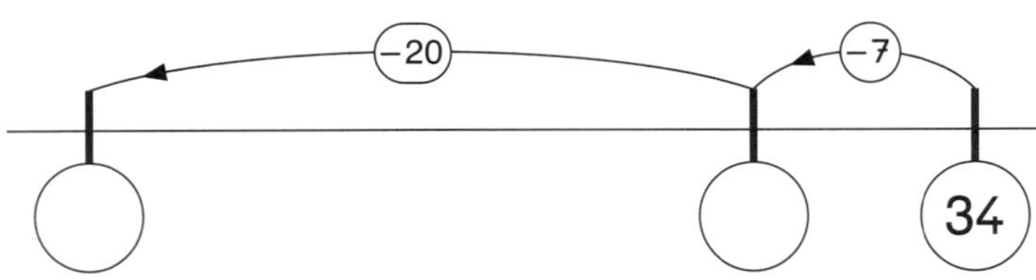

53 – 26

53 – 6 = 47

47 – ___ = 27

Erst minus ☐,
dann minus ☐!

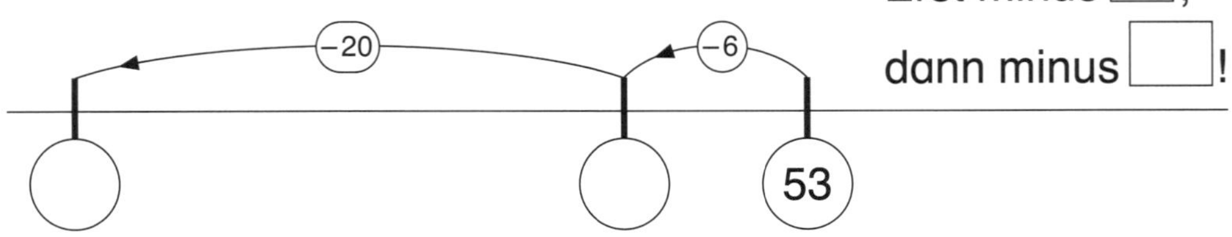

86 – 38

86 – ___ = 78

78 – ___ = 48

Erst minus ☐,
dann minus ☐!

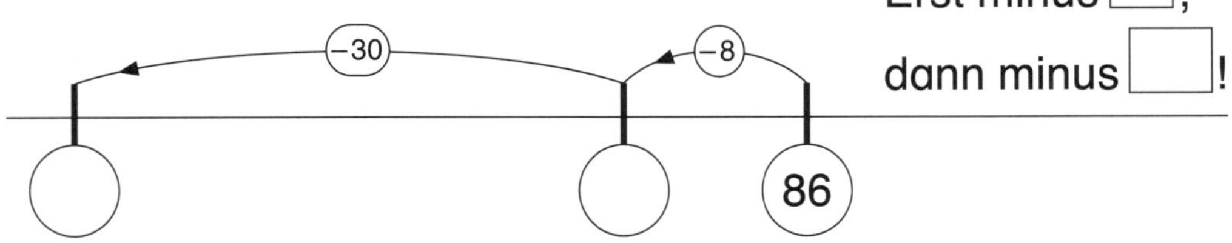

Rechne auf deinem Weg!

53 – 27 = 26	92 – 44 = ___	66 – 48 = ___
95 – 36 = ___	73 – 26 = ___	52 – 14 = ___
81 – 29 = ___	66 – 37 = ___	78 – 69 = ___
63 – 24 = ___	75 – 59 = ___	33 – 24 = ___
67 – 48 = ___	41 – 11 = ___	89 – 19 = ___

PAUSE

Ruhe dich aus! Lege den Kopf auf den Tisch und atme tief ein und aus!

Stimmt das?

3 Giraffen haben 12 Beine.	ja ☐	nein ☐
Vier Hunde haben 20 Augen.	ja ☐	nein ☐
3 Käfer haben 20 Beine.	ja ☐	nein ☐
7 Katzen haben 28 Beine.	ja ☐	nein ☐
Du bist fast fertig mit diesem Heft.	ja ☐	nein ☐
Magst du diese Aufgaben?	ja ☐	nein ☐

Zeichne das Muster weiter!

rot	grün	rot	grün						
grün	rot	grün	rot						

Addiere und subtrahiere!

50 + 30 = ___	20 + ___ = 60	80 + 6 = ___	82 + 3 = ___
70 – 40 = ___	70 + ___ = 90	50 + 7 = ___	43 + 4 = ___
90 – 70 = ___	80 – ___ = 50	70 – 3 = ___	65 – 3 = ___
40 + 60 = ___	40 – ___ = 10	60 – 6 = ___	78 – 4 = ___

74 + 20 = ___	87 + 5 = ___	43 + 32 = ___	53 + 28 = ___
36 + 40 = ___	46 + 6 = ___	61 + 25 = ___	45 + 37 = ___
35 – 20 = ___	32 – 6 = ___	87 – 43 = ___	82 – 29 = ___
78 – 40 = ___	53 – 5 = ___	48 – 25 = ___	62 – 24 = ___

Löse die Textaufgabe!

76 Kinder sind im Schwimmbad.
38 Kinder können schon schwimmen.

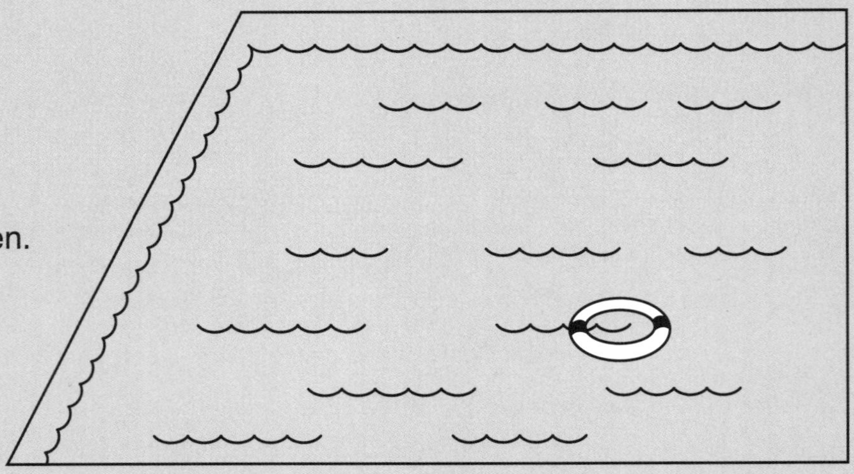

Frage: ____ ?

Rechnung:

Antwort: ____ .